人生边上，心城内外

钱钟书的围城人生

田梦◎著

中国華僑出版社

图书在版编目(CIP)数据

人生边上,心城内外:钱钟书的围城人生 / 田梦著.—北京:中国华侨出版社,2013.5 （2021.2重印）

ISBN 978-7-5113-3605-7

Ⅰ.①人… Ⅱ.①田… Ⅲ.①钱钟书(1910~1998)–传记 Ⅳ.①K825.6

中国版本图书馆 CIP 数据核字(2013)第104081号

人生边上,心城内外:钱钟书的围城人生

著　者 / 田　梦

出 版 人 / 方　鸣

责任编辑 / 棠　静

责任校对 / 王京燕

经　销 / 新华书店

开　本 / 870 毫米×1280 毫米　1/32　印张/8　字数/180 千字

印　刷 / 三河市嵩川印刷有限公司

版　次 / 2013年8月第1版　2021年2月第2次印刷

书　号 / ISBN 978-7-5113-3605-7

定　价 / 38.00 元

中国华侨出版社　北京市朝阳区静安里 26 号通成达大厦 3 层　邮编:100028

法律顾问:陈鹰律师事务所

编辑部:(010)64443056　　64443979

发行部:(010)64443051　　传真:(010)64439708

网址:www.oveaschin.com

E-mail:oveaschin@sina.com

序　言
PREFACE

世界唯一的钱钟书

反刍时光，倒带历史，上世纪三四十年代的黑白镜像中，熙熙攘攘的人群在城里城外进进出出，或在城边挣扎徘徊。画面里，城里城外，都盛产迷失的表情。

几十年过去了，进出的人们更换着新鲜的眉眼，但保持着不变的姿势和神情。围城仍是那座围城，只是我们没有了世界唯一的钱钟书。

中国的博大土地上，生长着各式的精英，但是却不知要等多少个百年，才能结出钱钟书一样的果实。有人曾经说过，不论头脑，不论素养，不论胸怀，钱钟书都是人中之龙，此论确然。

他的笔，经常青睐人性的恶之花。可他怀揣的，是远见，是洞察，也是悲悯。只是常常世人看不穿，他将赤子的狂妄，沉淀到了灵魂的最深处。

不同于鲁迅的残酷匕首，钱钟书擅长让子弹多飞一会儿，等人们的瞳孔扩散，他再抛出一串精巧的讽刺，像是瞬间钻入皮肉的暗器，顺着奔流的血液，直扑心脏。不求见血封喉，却可使人痛彻心扉。他总是用一声冷冷的幽默，让人在悲凉的深刻之中挖出一丝笑意，然后慢慢品味深刻与世俗两者混合出来的独特滋味。

　　他左手携着东学，右手托着西学，在同行者们仍在进行着激烈的争论时，已然悄悄打通了两者的相通血脉，屹立为文化昆仑。从狂傲到默存，他也曾摸着河里的石头，但从未被湍急的水流冲到任何的泥沼，而是脚踏青莲，坚守方向。

　　乱世之中，他建下一座围城，也为自己圈下一方净土。有人说他不食烟火，其实他始终在用最纯粹的关怀，烹煮着赤诚文字，煎熬着一颗红心。

　　他是世界唯一的钱钟书。世事几经变更，人们开始崇拜他的姓，却不再钟情他的名。但假如可以，我愿意在血管中流淌几滴他的血，只求瞳孔深处能够复制出几分他的从容和洞明。

目 录

CONTENTS

1

第7章

时光揭开薄如蝉翼的眼皮

1

岁月镜像

艳阳凉风，山川景秀，太湖水轻轻拍打岸边，眼前碧波无尽。这样的水土，会养育怎样的血肉之躯，培育怎样的文化，令人寻味。在这神秘的三角洲腹地里，它被称作闪亮的珍珠，土地肥沃，人情柔美。

它是无锡，这里有很多故事。

从地理位置上看来，无锡无疑具备优良的地缘优势。它的南面是太湖，西边跟常州相邻，北边是浩浩荡荡的长江，东临风景名区苏州，中间流淌着古老的运河。来来往往的船只也喜欢这个地方，经常在此处停留，因而无锡的交通十分方便。有人用"人杰地灵"四个字来形容无锡，有人却说这里地灵方才人杰。

从古至今，一大批堪称中国文明脊梁的人物都出自无锡。比如唐代大诗人李绅，宋代的抗金领袖李纲，写出"红杏枝头春意闹"的蒋捷。再往前，甚至可以推到上古时期。据说，殷商时期，泰伯因为不被父亲喜欢，带着自己的弟弟跑到无锡，经历了一系列的曲折纠纷，最终将先进的文化带到这里。经过长时间的发展，无锡地区成为吴国文化的滥觞。这么说来，整个南方的文化怕是都跟无锡有着些微的关联呢。

有句话说得好，有动才有变，有变才能活。在这个南北文明、古今文明的交汇地带，灵秀之气几乎是呈井喷之势。而从中蕴育出的惊世之龙，则非钱钟书莫属了。钱钟书，字默存，是 20 世纪中国文学的扛鼎人物。他学贯中西，著作等身，若干年后，成为这个城市的文化标签，被文人墨客奉为圭臬。

小时候的钱钟书憨气十足，但心中却有着自己的想法，经过家学的熏陶，对于自己家族的历史早就产生了十分浓厚的兴趣。那是在他六七岁的时候，一天，他趁着父亲高兴，便问关于钱家祖上以及流传的事情。

钱基博非常高兴自己的孩子有这个意识，他于是很自豪地昂起脑袋，眯缝起眼睛说道："我们家族的历史，说起来长喽！自上古时期便有祖辈在这里扎根繁衍，当然了，开始的时候是比较分散的，到了汉代，人数开始变多，到了非常繁盛的时代，尽管此后有战乱，但我们这地方在当时还是比较安静的。"

"为什么安静？"

"因为吴国地盘战场不多。"钱钟书早就从自己叔父那里知道了很多关于三国的事情，这一下立马联想起来，原来是这样！

钱基博见钱钟书心领神会，心中赞许，他接着说道："到了五代十国，钱氏就开始在江苏一带传承，那可是我们的祖宗啊。五代十国，记住了吗？就是唐朝后面的朝代，就是唐太宗、唐玄宗的那一朝代。"

钱钟书知道唐代，因为他当时非常喜欢听一些关于唐代的英雄故事，父亲这么一联系，他的记忆就连贯了。他想起了李元霸的大锤，他又觉得李元霸死得冤枉，不由得像个大人似的长叹了口气。钱基博也没理会。

"五代十国之后便是宋代……"说到这里，钱基博低下头看看儿子。钱钟书瞪着眼睛，痴痴仰着脸。钱基博这才继续讲下去，知子莫若父，如果碰上不懂的事情，儿子总是神情迷离。看此时的样子，他对宋代的背景早已有了了解。

"到了元代和明代，乃至清代，我们的家人都取得了非常好的声名，他们中的很多人都是四方有名的文客。"

钱基博正要仔仔细细地讲说一番，忽然下人报有客人到。钱博基赶紧撇下儿子去堂屋迎接客人，钱钟书仍旧思考着父亲说的话，他掰着手指头从头开始算，自己的祖系已经好几千年了。历史的厚重感让钱钟书的心里油然生出一种神圣感，而那种追溯往昔的朦胧与多种解读性特征，也开始在钱钟书幼小的心灵中生成。

每一个伟大人物的成长都与小时候的教育分不开。钱钟书的父亲身为一个渊博的学者，总是给他灌输一些具有启发性的知识，所以钱钟书尽管外在稍微有点拙，但内心是秀美的。杨绛曾经在回忆自己跟钱钟书初次见面时，说他"蔚然而深秀"，可见气质由内而外，是熏陶出来的，腹有诗书气自华。

就是这次追溯，让钱钟书产生了最基本的家族意识。在他的眼中，家族原来不仅仅是一个历史范畴，它是永恒的。

钱钟书的眼里全部是精彩纷呈的世界，而这个世界不是由表及里，而是由内而外的。在他一周岁的时候，家里人让他"抓周"，钱钟书趴着，四处摸索，拿起一把梳子，闻了闻放下，拿起一串佛珠，又放下了。他仔仔细细地看着铺开的一堆东西，像是一个小孩寻找亲热的伙伴。

终于，钱钟书爬到一本书前的时候，不动了。钱父大为高兴，这可真是"钟情于书"啊。在读书世家，这无疑是最让家长欣慰的选择了。书中自有黄金屋，书中自有颜如玉，书中自有千钟粟，在书中，才能酝酿一个人的健全人格。钱基博之所以高兴，正是因为他认识到了最后的一点。

然后，岁月被一页页无情地翻过，在芳华面前，没有人能够躲过凋谢，也没有人能够拒绝成长。堂前的花，开了又落下了，好像在演习生命的足迹。如果有什么东西能让人肃然起敬的话，那想必应该是门前的梧桐。它总是那么笔直，那么认真地站立着，好像永远不知道什么是岁月的变迁。它的叶子也会黄，它的身上也会有一群一群的鸟来停留，可这永远影响不了什么，钱钟书是喜欢这种精神的。

在蓊郁的叶子里面，是霸道的枝干，那才是支撑一棵树的根本。青绿的、枯黄的颜色丝毫改变不了它的形状。在这凋谢与重新生长的过程中，小小的钱钟书想，自己也会逐渐成熟吧。然后，想象着，想象着，钱钟书的眼神就开始迷离。而另外一个自己，那个心中秀美的自己，却开始苏醒，就像一棵新发出的嫩芽，承受着阳光的温暖，月亮的精华，微风的抚摸，雨露的滋养，没有什么别的东西，这一切都是因为书。

后来，他在小说《围城》里告诉世人，人生就是一个城堡，在里面的人想出来，外面的人却想进去。无论是理想追求也好，情感婚姻也好，只要是有七情六欲的人，都会有类似的思绪经历。这个道理发人深省，也会让人从深处触摸钱钟书的内心——每个人都不能摆脱这样的心路历程，只能说明一件事，这种悲剧的根源不在于理想、婚姻或者是城堡，而是在于人悲剧的本性。

那么，人的本性是悲剧，钱钟书先生为什么还会拥有一颗炽热的热爱生活的心呢？很简单，人生可能是悲剧的，但既然悲剧无处不在了，何不勇敢地活着？

于是，在《围城》中，方鸿渐给苏小姐的，是"范围有限的吻"。

于是，"鸿渐一眼瞧见李先生的飙失箱，衬了狭小的船首，仿佛大鼻子阔嘴生在小脸上，使人起局部大于全体的惊奇，似乎推了几何学上的原则。那大箱子能从大船上运下，更是物理学的奇迹"。

于是，苏文纨的那个遮阳的大笠，拿在手中成为"希腊神话里打猎归来的女神"。

当悲剧真正成为悲剧了，有些无聊的事情就不必太较真了。不太较真了，生活就轻松了。人生的辩证法就是这么神奇，而钱钟书便是精通这种辩证法的人。

少年温暖的脸

　　胖乎乎的脸颊，黑亮的眼睛，走起路来颇"迟缓"的脚步和善而善于思考的内心，构成了钱钟书的少年时代。少年时代的钱钟书是"温暖的"，这是因为有悲痛的对比。

　　钱钟书出生前不久，他的祖母离开了人世。亲人逝去，本就是天地之间最痛心的事，在讲究家庭伦理的20世纪初期，更是给整个钱家笼上了巨大的阴云。家长逝去，就是群雁失去了头领，钱钟书的父亲钱基博和他的伯父钱基成尤其难过。

　　其中的心酸可想而知，两兄弟日夜给自己的母亲守灵。悲伤来如山倒，却去若抽丝，生活虽然回到了原有的轨迹上，却总是抹不去那一丝丝暗影。不久之后，终于有一件喜事给这个充满了阴霾和悲伤的家庭带来了阴雨中的一片阳光，钱基博的妻子临产，钱钟书出生了。

生活果真处处充满辩证法，钱钟书自悲伤中走来，为家庭带来了喜气。在那时候，传统的宗族观念十分浓厚，不孝有三，无后为大，伯父钱基成家中一直没有儿子。想起死去的母亲，钱基成总是内疚伤心。所以，钱钟书一出生，钱基博就立马将他过继给了自己的哥哥。

过继是中国古代非常普遍的寄养方式。为了延续一个宗族的血脉，宗族内部的子孙互相过继，维持着男权社会的秩序。有人说这样做有悖于亲情血脉，这是有道理的。但钱钟书的过继不仅没有给他的心灵造成什么阴影，反而让他感受到多层次的家长之爱。

钱基博将钱钟书过继给自己的哥哥之后，也时常管教他，且非常严厉。钱基成同样对钱钟书十分喜爱，可他表现得就比较和善。钱钟书刚过继来，他就专门去乡下找了一个健壮的女人做钱钟书的奶妈，关爱备至。钱基博和钱基成就像钱钟书生活里面的两轮太阳，向钱钟书散射爱的光芒。只不过一个是烈日，一个是旭日；一个让他学会自立，不在温暖的环境中迷失，一个让他学会去爱，爱家人，爱其他人，爱大自然，爱社会……

钱钟书六岁了，到了上学的年纪，钱基博和钱基成对于在哪里上学有了纷争。钱基博认为，钱钟书的年纪已经不小了，应送到学校里去见识见识，一直待在家，恐怕就会变傻了，况且他本来就有"傻气"。再傻的话，那还得了？说着还使劲瞅瞅钱钟书，钱钟书低着头不作声。

钱基成则提议自己教钱钟书读书，兄弟二人僵持不下，最后还是更加倔强的钱基博胜利，将孩子送到了秦氏小学读书。这是一所类似于私塾的小学，其实在钱钟书很短的私塾学习生涯中，他就体现出过优秀的品质，只是很少被记载。

在钱基博的执意要求下，钱钟书当时进入了私塾。当时钱钟书家中的所有的书他都读完了，基本上能够背诵，钱基博觉得他在家中读书不成问题，因为很多自己都不认识的字他都认识，可他需要接触外面的一些人。在家中钱钟书面对的人，除了父母，就是那几个熟悉得不能再熟悉的伙伴了。这对钱钟书的性格发展会有一些不好的影响——钱钟书的大半天时间基本一个人温习功课，或者发呆思考，所以还是要接触更多的人。钱钟书被送到了私塾里，私塾里面的孩子大部分是六岁，钱钟书比他们大一岁，显得有些另类。老先生见这么大的孩子才上学，肯定是太笨，对钱钟书的态度先冷了下来，钱钟书小小年纪，哪里懂得这些？也不在意。只是下课之后同窗的孩子都不来跟自己玩耍，钱钟书有点被孤立的感觉，这时候他就趴在桌子上背诵温习。先生见钱钟书经常趴着，不成体统，哪里像个读书人的样子？就更不喜欢他了。

　　一天，先生的戒尺不知道被哪个孩子拿去抠土，没拿回来。先生上课发现戒尺不见，心中恼怒，厉声追问，三十多个孩子没有一个敢答应的，先生的火气更大了，吼道："太不像话了！拿尺子的人是败类，那些知道是谁拿去的却不作声的人，妄读了圣贤书！"

　　钱钟书觉得先生的话有些过了，一把尺子而已，不至于这样，便站起身来说道："圣人曾经说过，己所不欲，勿施于人，先生也是从小学生时候过来的，不过读的书越来越多，所以称为道德先生，给我们讲述圣人的道理。先生也有小的时候，难道没有被骂过吗？在这样的盛怒之下，那些拿走了先生尺子出去玩耍的人哪里敢出来答应呢？每个人都是怕惩罚的，越是不敢说出来，就越郁郁于心中，对学生有很坏的影响。我想，先生要找到自己的尺子也不难，只要您改变自己态度，温和一点问，肯定会得到答复的。"

　　钱钟书说完，站在那里和先生对视，先生起先见钱钟书说出"己所不欲，勿施于人"的话，更加生气，正要好好教训他一番，可钱钟书越说越合乎道理，最后竟然让自己的气不知怎么的就消了。他看着钱钟书那双十分有神采的眼睛，心想这孩子年龄偏大，可心灵干净，懂的道理多，一下子就喜欢上他了，便笑着说道："钱钟书，你说拿了我的戒尺的学生不应该受到惩罚，那尊师重道该怎么说呢？日后学生不把老师放在眼里，该怎么办呢？"钱钟书涉世不深，答不上来。先生呵呵笑了，说道："钱钟书，你答不上来我不怪你，在学生中只有你敢当面指出我的不妥之处，可见你的胆识。这样吧，我出几个题来试试你，你若能对得上来，这件事情我就不追究了，怎么样？"

众位学生起先见老师发了那么大的火，都不敢作声，而后见钱钟书站起来，不由得敬佩起他来。尤其是那几个素来不和钱钟书说话的调皮孩子，把老师的戒尺落在外面，见钱钟书给自己出面，脸都红了。之后大家见老师被钱钟书说得笑了，心中的一块石头落地，纷纷向钱钟书看去，可最后老师竟然说出题给钱钟书对，大家不由得又担心起来。

可钱钟书连想都没想就答应了老师，他气定神闲，看着老师说道："但凭老师出题目，学生洗耳恭听。"

先生略一沉吟，说："我就考你最基本的一个问题，'大学'讲的是什么道理？"先生本来对钱钟书已经没有什么坏的感觉了，所以出了一个简单的问题，并没有要为难他的意思。钱钟书应声答道："大学讲的是做人的道理，要着眼于自己的内心，大学讲的是所有人生活的道理，人群的划分是按一家一户来的，从古至今没有变过。我认为大学讲的道理要从下往上看，修身齐家是最重要的，至于治理国家与否，是对小部分人说的，我们每个人要看到自己的内心，还要注意家庭和睦。"

先生听了，捻须点头，微笑不语，他给孩子们讲了这么多年的《大学》总是强调志气要大，越大越好，要治理国家要平定天下，今天钱钟书的话给他提了一个醒，就拿自己来说，能够去治理国家，能够去平天下吗？不能，自己唯一能够做的就是明了自己的内心，对得起自己的学生，还要使自己的家庭和睦。这么简单的问题，他以为钱钟书会说一番非常大的话，可这个孩子明明白白地给自己上了一课。

在以家庭本位为主的中国，治理国家平定天下，自然是每个有理想的人追求的，但是话又说回来，有几个人能够去治理国家平定天下呢？在封建社会，中国的统治阶级是高高在上的，每一个往上爬的人都要冒着不小的风险。最大的风险是什么？是付出了千辛万苦之后没有得到任何的回报。成为统治阶级的一员当然好，在声名与利益上都会得到好处，可这样的人又有几个呢？极小的成功者站在一大批失败者的尸体上，就是中国传统科举制的后果，就是那些一味要去治理国家一味要平定天下的人的结局。尤其是多年不中的，他们脱离小农家庭的怀抱，耗尽家资赴京赶考，一次没中，还有下一次，下一次没中，还有下下次，明日复明日，明年复明年，一系列恶性循环就这么发生了。他们不知道，修身、养心、家庭和睦了，天下自然就太平了啊！

钱钟书在私塾的读书生涯可以说是很辉煌的，但是虚弱的身子让他结束了这样的生活。

事情是从一次下雨开始的。钱钟书喜欢雨，放学后，见天地间迷茫一片，他不由顽心大发，连雨衣都没穿就撒开腿跑。跑到家还好，可吃晚饭时他就感觉不舒服，发烧，说傻话，然后就病倒了，迷迷瞪瞪地一直喊着要奶妈。钱基博吓坏了，而钱基成则因此责备钱基博对钱钟书过于严厉，钱基博只好让孩子辍学修养。身子养好了，钱基博又坚持将他送去私塾，不过钱基成一直反对，并赌气地说："我好歹说也是个秀才，你还怕我教坏了孩子？"

钱基博面露难色，说实话，他的确害怕哥哥教坏了孩子。钱基成尽管是个名士，可讲究派头，喝茶玩乐，让他带钱钟书的话，得学成个什么样子？钱基博认为小孩子必须要苦读，可兄长已经多次提出了要求，又觉得不答应不好，最后只得妥协，不再吱声。

从此钱钟书彻彻底底跟着伯父学习了。他就像一只春天里的小鸟，自由自在，无忧无虑，趁着明媚的春光，在舒适的草丛中玩耍、筑巢。

白天，钱钟书读完书后就跟着伯父出去喝茶。钱基成给他买个酥饼吃，然后租本小说给他看，比如《七侠五义》、《说唐演义》、《济公传》，等等。这些"闲书"大大丰富了钱钟书的内心世界，推动了他天马行空的想象力。多年之后，一批中国学者访问美国，一个研究《七侠五义》的美国女汉学家提问钱钟书问题，钱钟书依旧可以熟练地背诵起《七侠五义》里面的段落，让在场的所有人都大吃一惊，有人形象地称呼钱钟书为"图书馆"。

可是人生从来不全是温暖的阳光普照大地，就像天空不完全是万里无云一样，人生中的变故使人来不及期许，来不及顾虑，来不及重温。一只蝴蝶的力量可以掀起一场风暴，还有什么事情是不可以发生的呢？阴霾是黑暗的代名词，也是光明的开始。世界的循环轮回，跟人们开着日复一日的玩笑。钱钟书做梦也没有想到，自己无忧无虑的时光会在某一天，就像一只展翅的黄鹤，一去不复返。

那个日子就是钱基成逝世的日子。

几个月之前，当时钱钟书和自己的堂弟钱钟韩一起去东林小学考试，这是一所非常有名气的小学，只有那些成绩优异的孩子才会被取用。幸运的是，两人凭借扎实的基础都考上了。钱钟书清楚地记得，当天钱基成非常高兴，笑得像一轮太阳。他流露出孩子般的骄傲，嚷着说这都是他一手调教的结果，名士的脸面没丢。

可没想到，几个月之后他就离开了这个世界。

伯父去世的消息让钱钟书悲痛不已，在他幼小的心灵中，这不啻于一次巨大的地震。钱钟书被家人接回去的时候，钱基成已经咽气。他呜呜哭着，他知道自己失去的，不是酥饼，也不是租的小说书，而是一份温暖的带有热情的爱的笑容。钱基成就是钱钟书的第二个父亲，钱钟书的半边天倒塌了。

记忆中一个刻骨铭心的篇章里，少年的脸上，挂满了泪珠……

过了很久很久，树上的疤痕痊愈，钱钟书的心伤仍在，只是不那么惊心动魄罢了。钱钟书喜欢玩一种一个人的游戏，它叫作"石屋里的和尚"。这本是钱基成不耐烦时打发钱钟书的一种游戏，而钱钟书却玩得不亦乐乎。他将帐子放下来，自己端坐在里面，然后披上被子，自言自语。

从前，钱钟书都是自己跟自己对话，现在，每当想起伯父来，他就跟伯父对话了。

"伯伯，我要吃大酥饼。"钱钟书说道。然后他又模仿钱基成的口气说："好，大伯给你买大酥饼，一碗茶，甜滋滋的。"

"伯伯，给我买套书，如果——如果你手头不宽的话，就给我租一套。"

"乖儿，伯伯不给你租，伯伯给你买一大套。"

"伯伯，那你说关公跟秦琼打架的话，哪一个更加厉害些？"

钱钟书扮演的钱基成没法回答了。

无论如何，钱钟书喜欢这个游戏，因为在那个有限的空间里，他可以永远与伯父在一起。

童年时，除了才华，钱钟书还有另一个关键词，就是"痴"。杨绛先生曾经在回忆钱钟书先生的文章中谈到他小时候的趣事。

大家都说钱钟书有点痴，比如下雨天的时候，人家去上学都穿皮鞋，因为可以防水，而钱钟书偏偏穿他伯父的钉鞋。他的确不太在意穿什么，人家说他痴，他置若罔闻。钉鞋太大了，他就在鞋头上塞满了纸，下地走几步，好像非常合脚的样子，他就高兴了。

上学路上有许许多多的青蛙，蹦蹦跳跳。别人都不在意，赶着去学校。钱钟书却立马脱下鞋来，捉住青蛙放进里面，收获颇丰。他赤脚到了学校，将钉鞋放在桌子下面，非常得意，不时低头欣赏青蛙在鞋子里摸、爬、滚的样子。可没等欣赏够，青蛙们纷纷从鞋子里跳出来。钉鞋很大，钱钟书抓的青蛙很多，教室里又静，青蛙又小。一会儿工夫，整个教室里立马爬满了青蛙。钱钟书忙不迭地往回抓，可钉鞋没有"盖子"，徒劳无功。等老师来了，见到这样情景，不由大怒，将钱钟书狠狠地批了一顿。

孩子就是孩子，尽管调皮捣蛋，有的时候还很顽劣，可这丝毫掩盖不了钱钟书聪敏的头脑。除了数学，钱钟书在其他科目上成绩都名列前茅，甚得老师的喜爱。

古今才子，儿时皆有几分痴气。因为"痴"，他们疯狂，他们固执，他们天马行空。在生活中，他们保守一颗童心，在艺术殿堂中方可随性遨游。

3

青春之双重印象

　　天才在少年时就已锋芒初露，眼神中也比同龄人多了几丝洞明。不同的是，少年时，聪明人难免桀骜不驯，对任何事物都抱有跃跃欲试的想法。钱钟书却多了几分从容与沉稳。多少年后，人们惊诧于他笔尖那种含着笑意的犀利嘲讽，却不知这种幽默的沉积早已经年久日深。

　　东林小学的同学对钱钟书是非常崇拜的。只不过有个叫刘如的，对钱钟书的才华很不服气，常常要跟他比试比试。但是钱钟书不喜欢与人相争，对他视而不见。

　　钱钟书天资聪颖，这在儿时就已经显现出来，更被人传为"神童"。小时候，钱基博的一位少时好友来找钱基博叙旧，听说钱钟书背东西挺快的，就特意点名要见见钱基博的公子。钱基博当下就叫人把钱钟书叫过来，钱钟书见这位叫林长的伯伯面貌可亲，也就毫不拘束，礼貌问候道："林伯伯。"

林长笑着点了点头，见这孩童行止有度，神采飞扬，骨骼清奇，心中欢喜。他抱起钱钟书，问道几岁了，钱钟书回答了，又问读书没，钱钟书说道："回伯伯，我是背书，不是读书。"

林长心下惊异，钱基博笑着说："也不知道怎么回事，这孩子看了的书就忘不了了，所以如今也没有给他请先生，自幼就跟着他伯父学习。"林长笑着说道："好，我们叔侄两个出院子玩玩。"

钱基博不把林长当外人，随他方便。其实林长一直对钱钟书的神童之说存有怀疑，他边抱着钱钟书走到院子里边寻思找几个问题考考他，见路边有水，便问道："上善若水，然后呢？"

"水善利万物而不争，处众人之所恶，故几于道。居善地，心善渊，与善仁，言善信，政善治，事善能，动善时。夫唯不争，故无尤。"钱钟书一个字不错地给背了出来。

林长以为钱基博教授钱钟书一些书，无非是四书五经，顶多有韩非子之类的，便故意考考钱钟书，问了《老子》里面的一句，没想到钱钟书连《老子》都背过了，难道他真的有过目不忘的本领？

林长不相信，便又问道："有物混成，先天地生……"还没说完，钱钟书就回答道："有物混成，先天地生。寂兮寥兮，独立而不改，周行而不殆，可以为天地母。吾不知其名，强字之曰道，强为之名曰大。大曰逝，逝曰远，远曰反。故道大，天大，地大，人亦大。域中有四大，而人居其一焉。人法地，地法天，天法道，道法自然。"林长接着问道："你知道这些话的意思吗？"

钱钟书是被人问习惯了的，也是回答惯了的，张口说道："万物形成的时候，天地还没有形成。所以无声无响，是听不到的。空虚无形，是看不到的。独一无二，但是实实在在存在的。往复运行不止，这可以说是天地形成的本源，是孕育天地的本源，是我们的母亲。人们不知道称它为什么，只好认为这就是'道'罢了。再勉强解释一下的话，可以认为它是广大无边的大，大到似乎不存在，不存在的东西我们感觉着遥远，但其实未必尽然。如此的遥远又似乎就在眼前。因此，道大，天大，地大，人也大。在我们认知的四大中，人也是一大，所以人是很重要的动物，人存在于地，地存在于天，天存在道中，而道的运行则是依照着自然法则的，对吗？"

林长张大了嘴，惊得说不出话来，心中明白了几分，但还不甘心，便说："伯伯还有别的知识问你，你敢回答吗？"钱钟书回答道："但凭您问道。"林长被钱钟书这老成似的回答逗乐了，想既然他对道家感兴趣，我就偏偏问个别家的。

林长回头见刘如晦夫妻二人在后面慢慢走着，便问钱钟书道：

"韩非子的五蠹是说的什么？""学者，言谈者，带剑者，患御者，商工之民。"

钱钟书回答之后，林长目瞪口呆。他外出游历多年，早年读的那些经书忘得差不多了，就是比较喜欢《老子》，至今可以背诵，往往在同行面前夸耀，如今好不容易想起来个五蠹，钱钟书却早就知晓了。林长心中既惭愧又佩服，他长长叹了口气，一手摸着钱钟书的脑袋，回头招呼同伴刘如晦。

钱基博此时也笑吟吟走过来，说道："怎么，他回答的还行？"林长说："我终于知道咱们为什么一辈子就当个秀才了，天赋不行啊！钱钟书小侄，日后定能成大器！"

东林小学的学习给钱钟书日后的发展打下了非常坚实的基础，不仅仅是在国文方面，还表现在外语方面。

钱钟书是 20 世纪中英文俱佳的大师，而对于英文的学习，原来也是从读外国小说开始的。钱钟书曾经提到过自己十一二岁时候，在东林小学阅读外国文学名著的情形，"商务印书馆发行的那两小箱《林译小说丛书》是我十一二岁时的大发现，带领我进了一个新天地，一个在《水浒》、《西游记》、《聊斋志异》以外另辟的世界。我事先也看过梁启超译的《十五小豪杰》、周桂笙译的侦探小说，等等，都觉得沉闷乏味。接触到了林译，我才知道西洋小说会那么迷人。我把林译里哈葛德、欧文、司各特、迭更司、斯威夫特的作品反复不厌地阅览。假如我当时学习英文有什么自己意识到的动机，其中之一就是有一天能够痛痛快快地读遍哈葛德以及旁人的探险小说"。

钱钟书自我学习的能力的确高出同龄人不知多少倍，当他们都局限在老师的作业中，局限在国文中的时候，钱钟书已经开始涉猎外国文学名著了。

这是万万不可以忽视的一个问题，外国文学里面渗透漏出来的西方式思维方式，跟国文是截然不同的。钱钟书在十一二岁的时候品味西方的文学名著，是一个机遇，也对他的心理提出了挑战。两种不同的思维方式，就像两股来自不同方向的风，争先恐后地想进入钱钟书的大脑当中。钱钟书或许没有意识到这一点，但在无形中他已经将这两股风拧成了一股，都为自己的思想服务。

钱钟书那不骄不躁、张弛有度的人格，那强大而不固执，傲骨嶙峋的自我的建立，应该跟他这种包容性不无关系吧。

东林小学，注定是钱钟书走向伟大的第一个台阶。

从东林小学毕业，钱钟书和钱钟韩又一起考上了苏州桃花坞中学。这是一所教会学校，注重英文教学，钱钟书的英文再一次得到了升华，在他的青春年华。

十四五岁的年纪，稚气刚刚脱掉，志气就像新发的竹笋，倔强地往上冒。钱钟书的脸开始显出方形，不再圆嘟嘟的，头发比以前坚硬，眉毛整齐而黑，就像画上去的一样，额头宽阔，双耳轮廓分明，风度翩翩。

家教极其严格的钱基博在钱基成去世之后就分外注意对钱钟书的管教。他知道钱钟书的英文越来越好，尤其是到了苏州桃花坞中学读书之后，回家有意无意地竟然常常吐几句英语，于是担心钱钟书"忘本"，他好好地"教训"了一下钱钟书，让他不要忘记根本。

1925 年，钱基博到清华大学担任老师。为了督促钱钟书和钱钟韩学习，他特意写了一封家书，并且交代了自己给二人出的"作业"，古文一篇，回家检查。

当时正是夏天，钱基博回家度假，可惜道路不通，他便去天津改乘轮船回家。钱钟书得知父亲一时半会儿回不来，高兴得不得了，便将一大堆颇有"趣味"的杂志，比如《小说世界》、《红玫瑰》、《紫罗兰》等带回家，畅快地浏览。钱钟书早就听人说里面的文章有意思，一看果不其然，大千世界，真是无奇不有，他被这些杂志深深地吸引了。原来的那些古奥的文章，能启发人性，可哪里有这些东西精彩呢？以钱钟书的看书速度和记忆力，不久，就看了一大堆杂志，一尺来高，就在这时，钱基博回家了。

为了检验兄弟二人是不是偷懒了，钱基博让钱钟书和钱钟韩分别作一篇古文。钱钟韩做得文采斐然，典丽质朴，钱基博非常欣赏。而钱钟书做的那篇文章不文不白，没有气力，再加上听说钱钟书在家不看古典经文，却翻阅世俗杂志，他不禁火冒三丈，将钱钟书痛打一顿。

钱钟书挨的打并不少，可自从"长大"以来，父亲还没有正儿八经地打过自己，想起伯父对自己的慈爱来，钱钟书又是委屈又是悲伤。这次挨打给钱钟书造成了极深的记忆，很多年之后，他仍然记得这次挨打的事。

但起码，这次挨打将钱钟书在古文上的心绪拉了回来。多年之后，钱基博应邀给钱穆的《国学概论》写序，钱基博完全让钱钟书代笔写成，不改一字。文章的开头，钱钟书模仿父亲对钱穆的称呼，说"宾四此书，属稿三数年前。每一章就，辄以油印本相寄，要余先睹之。予病懒，不自收拾，书缺有间……"大有当时文坛圣手的气概。钱钟书是读过钱穆此书的，并且通过仔细的思索，觉得钱穆的这本书并不是没有缺漏，他也本着正直的态度，一一讨论，比如对于这本书的第十章，他提到："第十章所论，皆并世学人，有钳我市朝之惧，未敢置喙。"意思是自己不能加以评判，而对第九章，他也大胆地说出了自己的意见——"第九章竟体精审，然称说黄梨洲、顾亭林、王船山、颜习斋而不及毛奇龄，是叙清学之始，未为周匝也。"议论精当，不偏不倚，的确是大家手笔。钱基博见了这篇文章十分高兴，一个字不改就寄给了钱穆。

的确，稍微懂一点文言文的人，大略地看一看，就会深切地感受到钱钟书的那种对古文的亲和力，该用典故的地方，他毫不拘束；该用自己的言语，他也往往妙语连珠。尤其是那种模仿父亲说话的学究口气，惟妙惟肖，可以以假乱真了。难怪，钱基博后来曾经感叹，钱钟书前途之大，自己预料不到。

4

多少年后，你将拥有父亲的背影

于男人而言，父亲的含义是特别的。

每个男孩成长为男人，父亲会起到最大的影响。他是山，是偶像，接着是想要超越的对象，随后成为竞争对手，最后父子的身影合二为一。不知不觉中，人们恍然发现，不论是努力追随，还是刻意回避，父亲都会成为男人们一生塑造的模样。多少年后，他们也将拥有父亲的背影。

时间流逝得非常快，转眼间，钱钟书就到了上大学的年纪，他的目标是考取清华。

成绩出来，数学只有十五分。这在一般人看来就不做什么大学梦了，可出人意料的是，因为他极佳的英语成绩，清华破格录取了他。同时，因为当时钱钟书古文写得好，声名渐盛，所以学校里也器重他，就连学生都没有几个不认识他的。

钱基博为儿子高兴，自己一手培养出来的孩子，作文已经大有才气，在某些方面，自己有时候都没把握胜得了他。

钱钟书去清华，是人生中第一次离家，而且是几千里的路程。他是在一个下午走的，当时天空中朦朦胧胧。钱基博送钱钟书离家，父亲走后，钱钟书一个人坐在车站，哭了起来。

他想起小的时候，每当自己偷懒的时候，父亲那严厉的目光总会准时袭来，甚至会用手敲自己的额头，生疼生疼的。他想起每个周五的晚上，父亲总要带着自己和弟弟去听他讲的古文课程。年复一年，随着年龄的增长，尤其是在作文方面，自己取得了非常大的进步，也尝到了成就感，而父亲却越来越老了……

钱钟书望着窗户外面的云彩，时而淡时而浓，随着风不断变换着自己的形状，再加上夕阳的渐染，熠熠生辉，一只归巢的鸟儿长长地叫着，在钱钟书听来却是如此地凄厉。车来了，钱钟书抹掉眼泪，走了上去……

其实钱基博也舍不得自己的儿子。本来钱钟书已经过继给了自己的哥哥，只是哥哥命薄，不到四十岁就死去了。钱钟书又归自己教管，虽然他很淘气，但是做文章的天赋早就显露出来了。

别人需要很长时间才能够背诵出来的东西，钱钟书往往看几遍就能背诵。别的孩子整天要这要那，钱钟书从来不这样。而近年来他做的文章越发老练，这正是自己最为欣慰的地方，也是自己梦想的延续。

钱基博经常想到苏洵，他培养出了宋代最有才华的文学家，自己对钱钟书的教育，非常巧合地，跟苏洵如此相像。钱钟书的离家对钱基博来说是一大损失，也是一大希望。

损失的是，钱钟书在自己眼前的表现，时时刻刻都让自己感受到家门有幸，出此良才，光宗耀祖是指日可待的事情，可现在一下子不在自己眼前了，他稍微有点失落。另一方面，他感到有希望的是，在大学那种文化氛围之下，钱钟书更能够发挥自己的专长，如鱼得水地学习，从而取得更高的成就。总之，最为艰难的时刻已经过去了，钱基博现在的主要工作就是做自己的学问和观察钱钟书的学问。

其实钱基博也是一个饱读诗书的人。他"五岁从长兄子兰先生受书，九岁毕《四书》、《易经》、《尚书》、《毛诗》、《周礼》、《礼记》、《春秋左氏传》、《古文翼》，皆能背诵，十岁伯父仲眉公教为策论，课以熟读《史记》、《储氏唐宋八大家文选》，自十三岁读司马光《资治通鉴》，圈点七过"。

跟一些闻名远近的神童一样，钱基博的读书之广之精，也是非常让人佩服的。一个人最重要的就是幼年了，那个时候心无杂念，容易背诵，而且一旦背诵了几乎终生不忘。钱基博身为一代著名的儒学家，是跟他幼年时候的功底分不开的。

但同时，钱基博的思想也深受中国传统儒家文化的限制，这与钱钟书相比较可以说是大不一样的。钱钟书尽管对中国古代文化非常之推崇，但是他通过接触西洋小说，以及当时的一些新刊物，思维很开放，因而可以将东西方的文化"打通"，学贯中西。

钱基博与之相比是保守的，在教授古文的过程中，他从来都是给学生们灌输"文言文最美"的观念。西方的写作技巧，他一概不用。要知道当时正是20世纪初期，正是中国学习西方形成大潮流的时期，自己的儿子都不上私塾而上起小学、中学、大学来了，而钱基博却丝毫不为潮流所动。

这在某种程度上可以说是"牺牲"了自己，来保证了钱钟书的古文功底。其实当钱钟书和自己的堂弟钱钟韩在读小学的时候，钱基博每天都要他们弟兄两个人到自己的办公室学习，学习内容只有一个：古文。往往等到其他人都走了，兄弟两个还在那里读啊写啊，钱基博时而拿起兄弟两个做的文章打量，时而大声地训斥，时而耐心地讲解。钱钟书日后曾经说过，自己的古文功底，就是被父亲日复一日"逼出来"的。

钱钟书走了，钱基博经常拿起钱钟书以前做过的文章来看

（钱钟书做过的文章他基本都留着，他深切地爱着自己的儿子），尤其是想儿子的时候，有的文章看得遍数太多了，都要被翻烂了。他就小心地用刀裁剪纸条，补上去。

钱钟书在自己的著作《管锥编》里曾经提到过一种审美境界——"企羡情境"。他说，可见不可求，极力向往的一种情绪就是企羡，西方浪漫主义作家对此有过说明，但中国传统文化里面早就有了。

说得浪漫一点，钱基博此时对钱钟书，也是"企羡情境"了。爱子欲行，心中忧惶，爱子出行，在水一方。那种不可方思的心境是十分典型的。用通俗一点的话说，钱基博现在有一种因距离而产生的惆怅感。

他有的时候也会后悔，钱钟书小的时候，自己对他过于严厉。尤其是哥哥还在人世的时候，为了让钱钟书保持积极的学习态度，自己有的时候甚至会做出一副非常之严格的样子来约束他，实在是大大地不应该。可是又想起现在钱钟书在古文方面的造诣已经不在很多饱学之士之下，心中又有几分得意。这么翻过来覆过去，他对钱钟书的想念就更加深切了，这个时候他就给钱钟书写信。

钱基博跟儿子写信也一概用古文，且正式。日后钱钟书在写信上倚马可待，不仅仅是自己的才华使之然，还是因为钱基博的每一封信都是一个极好的范例。看得多了，自然就学成。杨绛在回忆文章里面曾经提到过钱钟书写应酬性的书信的情境，说他写信的时候思考很快，笔走龙蛇。八行的信笺，他中间抬几次头，片刻就能完成。一句不多，一句不少，且不需改动一字，这不能不说是受了钱基博的影响。

钱钟书也经常给父亲写信，除了自己的生活状况，他还调侃似的给父亲描述一下自己学校、班级里的一些同学，语言生动而有趣。钱基博十分欣赏钱钟书这种刻画的笔力，曾经在信中表扬过他。而钱钟书写给自己的信，包括回信，钱基博都认认真真地贴到一个大本子上，完整地保存着。这不仅仅是一本家书，更是一份沉甸甸的父爱。有句形容友情的话，君子之交淡如水，小人之交甘若醴。不只是朋友的关系如此，人跟人的关系都如此，过于亲密的，未必是真情，看似平淡的，心中可能汹涌着爱的力量，钱基博对钱钟书的爱就是如此，平淡而真挚。

有人说，家庭教育是孩子的第一次教育，可以毫不夸张地说，钱基博的爱是钱钟书一切成就的基础和源泉，而钱钟书也一直坚信如此。

第 2 章

清华那些小事

不一样的开篇

古人讲天时、地利与人和，说明成就一个人的因素，除了自我，还有某时某地的因缘际会。

于钱钟书而言，说清华是他人生的一个重要转折点，一点也不为过。世界上总有那么一些地方，承接着天地之灵气，吸收日月之精华。地杰人灵，常年不衰，清华大学就是这样的一个地方。

清朝末年，为了学习西方的先进科学文化知识，清政府派遣留学生留洋，而清华大学作为留洋的预备学校建立起来。到了 1925 年，经过一系列的发展，清华"大学之基础乃立"。1928 年，罗家伦担任清华大学的校长。为了将清华打造成更好的大学，罗家伦一直想进行大刀阔斧的改革，是一个非常有志气的人。

1929 年，钱钟书报考清华大学，尽管全国有两千多人报考清华大学，可是钱钟书凭借优秀的学习功底，还是考了五十几名。这是非常高的一个名次了（钱钟韩考了第二名），可是成绩下来之后钱钟书却高兴不起来，因为他的数学只考了十五分，不及格。按照当时清华大学的录取规则来看，钱钟书是不可以被录取的。他坐在清华的门口，没有哭也没有闹，只是慢慢地想，自己小的时候，为什么不多听大人的话，好好学学数学呢？——偏科对一个学生心理的影响是显而易见的，不只是在学习期间。

与此同时，另外一种心理也在钱钟书的心中萌发。自己的国文和英文都是学生中的翘楚，清华会不会因此而接受自己呢？钱钟书是一个善于自己寻找希望的人，他认为这希望并不是荒诞不经的。无论面对什么，生活总归要继续，他去吃了午饭，随后在校园里溜达。

钱钟书的这种状态，就是所谓的"无为"之态。无为，并不是什么都不做，而是不妄为，不为所欲为，胡作非为。江河中的一滴水，无须挂念自己的处境，会一直随着潮流走向大海。钱钟书当时就以这种比喻自嘲，不然的话，回家？那岂是大丈夫的行径？

古人科举，尚且要在京城待上好几个月，钱钟书愿意在这里等待奇迹。不过，走后门绝对是自己所不齿的事情，他还是保持了自己的心性。君子坦荡荡，小人长戚戚，如此一来，他就释然了。

"钱钟书，校长找你。"一个声音在他背后说道。钱钟书猛然一惊，回头，发现是个跟自己一样大的男生，留着分头，眼睛十分有神采。可他觉得这人很面生，他是怎么知道自己的呢？钱钟书满腹狐疑，也不好多问，便说道："校长在哪儿呢？"那人边离开边说道："校长室。"好像是迫不及待地着急去做其他事。钱钟书暗想，难道我还不知道去校长室吗？算了，自己去找吧，行政楼应该不难找。他很快找到了校长室，敲门，进，眼前是一位十分斯文的老师，衣着朴素。

"钱钟书，好，好。"眼前这位肯定就是校长，他在对照材料上的照片，当确认自己眼前站的这位就是钱钟书的时候，他哈哈大笑起来。当时的校长正是罗家伦，他在这里当校长的第二年，钱钟书就考来了。

钱钟书心中毫不紧张，他觉得自己站在这里，不外乎面对两种情况：一、自己被破格录取了，校长专门找自己谈话；二、自己成绩算是优异，却因数学落榜，校长在消遣自己。显然前一种情况发生的可能性大一些，于是钱钟书有一阵莫名的狂喜和颤栗。

"坐吧。"听言，钱钟书便毫不客气地坐在罗家伦对面。"老实说，你的数学成绩实在不敢恭维，也有人说不能坏了学校的规矩，你不能被录取，只是……你国文和英文水平实在太高了，我对你肃然起敬，你被破格录取了。"

一位校长对学生表达自己肃然起敬，天下很少发生这种事。况且是当着学生的面，十分诚恳地说出来。这里面有一位求贤若渴的长者对一个天赋异禀的学生的信赖与欣赏。

钱钟书暗自欣喜，自己果然没有猜错。他站起来说："谢谢您！我一定会努力学习的。"罗家伦点点头，他心想，这么一位中英文俱佳的天才，肯定会给清华增光添彩的。

走出校长室，外面阳光明媚，在钱钟书的感觉记忆里，那天的阳光是径直照射在自己心里的。它迅速地，洞彻了自己，他感觉浑身上下，所有地方无不舒坦。

走到清华的门口，他忽然想起来，得马上告诉父亲这件事情。于是他找到纸笔，在凉亭里摊开，先写自己从家中坐车到北京的经历。他不着急写自己被录取的事情，这叫读书人的"沉稳"，这同样是父亲教的。然后写自己对家乡和北京差别的感想，最后写自己考试的经历，以及刚认识的一些同学。

如果他们身上有什么明显的特点，钱钟书就会很形象地形容出来。然后他写到了自己的成绩，国文和英文都是名列前茅，可是数学不及格，只考了十五分。他没有立即跟父亲说自己被破格录取的事情，这叫设置悬念。等信写得差不多了，他才把校长专门找自己，破格录取的事情写出来。

信是用文言文写的，十分典雅，但很幽默风趣，颇有《围城》的模样。钱钟书想，父亲见到这封信的时候，肯定会不由自主地失态——笑出声来吧。

过渡阶段，钱钟书的处境就是这样的。但过渡从来不是单向的，它的另一面，就是融会贯通。钱钟书曾说，要百家贯通，东西贯通。刚考入清华的他，不仅在中文跟英文之间搭上了桥梁，在通俗文学与古典文学之间，也开始逐渐融会贯通。比如他看杂志挨打的那次，尽管最后以悲催的结尾收场，可是世俗文学对他的影响力已经开始形成。

他知道"习有雅郑"，但他都不偏废。习雅，可以让人气质正派，不胡作非为，做到自律。习郑，会让人热爱生活，不死板。这两样都有好处，为什么古代的一些大儒，偏偏只注重雅呢？

莫名的惆怅和欢喜，本是青春的专属，而天马行空的想象力与洞察力，则是大志者的归宿。钱钟书已经不是十四五岁那种懵懂的状态了，在古文与英文上，他的造诣已经逐渐成熟，可以基本达到圆通的状态，举一反三，信手拈来。他的青春已经接近尾声，而他的人生才刚刚开始。

人生才刚刚开始，他永远不急躁，因为他十分相信一个吃葡萄的事例（在《围城》中也有提及）。一串葡萄，有两种吃法，第一种是专门挑当中最好的那个吃，第二种是专门挑最不好的那个吃。照例说来，第一种人应该比第二种人幸福，以为他每次吃的都是一串葡萄中最好的那颗，第二种人每次吃的都是一串葡萄当中最差的那颗。事实上却相反，第一种人比第二种悲观得多，因为他只有回忆，而第二种人，永远有希望。

真的是这个道理吗？或许我们应该说，道理是对的，但这不符合人生。一串葡萄的味道，在吃之前，怎么能确定呢？有的看似丑陋，味道却极好。有的看起来很饱满，却味道平平。就算在吃之前，哪一颗葡萄的味道更好能够确定，那么，一串几十粒甚至上百粒的葡萄，大部分的味道应差不多吧。这就是哲学跟生活的差别，也是哲学的局限。

当然，如果信奉一个道理，而这个道理会让人积极生活的话，没有比这更好的事了。道理总是形而上的，而生活却是形而下的。道主器，积极的人生观总是没有错。

2

生长力量

世界太大，人太渺小。每人身上都可以绽放出生长的力量，但需要时间，需要经历，也需要在适当的时机里，他人眼光里的光芒绽放。

有一句话说得好，白头如新，倾盖如故。钱钟书和罗家伦的感情就可以这么来形容。钱钟书是一个外表洒脱、内心缜密的人，他十分明白罗家伦对自己意味着什么，如果说，有人成为钱钟书第一任敬服的学者的话，那肯定就是罗家伦了。

因为破格录取，钱钟书就此和罗家伦产生了知遇之情。一方面，钱钟书对罗家伦的赏识感激至极，他深知什么叫"深明大义"。如果不是罗家伦，自己哪里会有机会到清华读书呢？清华的藏书是最丰富的，那里是他一生的向往。而另一方面，罗家伦也对钱钟书抱有极大的期望，他见过的学生何止千万，但像钱钟书这样，有较好的家学，又有很好的外文基础的，则是很少见。他十分敏锐地感觉到，20 世纪的中国，必然是中西方文化交流为主的时期，中西贯通的学者必然会成为时代的先驱。

20 世纪的文人戏称，罗家伦在清华的真正贡献并不是非常多，但也有可圈可点之处，一是决定清华招收女生，二是破格录取到了钱钟书。

只可惜罗家伦最终没有和钱钟书继续近距离的师生情谊。1930 年 5 月，罗家伦被调离了清华大学，二人现存有书信来往。其中一次是罗家伦写的一首诗，他自己十分得意，便用毛笔书写了，寄给钱钟书。

有句话叫作奇文共欣赏，疑义相与析。那的确是一首好诗，就算对极有水平的诗人也是可遇而不可求的。钱钟书对罗家伦的文采与书法表达了深切的敬服，他写信回答说（此用白话文翻译）："您的诗简直可以称得上是喷珠漱玉，您的字可以称得上是脱兔惊鸿，我以前听说过您的诗与字号称双绝，今天得以见到，心中十分快慰。老师你寄给我这首诗，了却了我多年的心愿，我将马上好好保存起来。我也想做几首诗来跟您应和，可我还是没有十分的勇气……"

心中那种恭敬而感谢之情，溢于言表，除此之外，钱钟书也会把自己的诗抄写寄给恩师，罗家伦为此非常高兴。

事实证明，罗家伦的选择没有错，钱钟书在很短的时间内就名满清华园，大家都知道有一个非常聪明的天才，中英文俱佳，不仅如此，钱钟书读书之刻苦，也是校园里的一个传说。

据当时钱钟书的同学回忆，钱钟书读书的方法很是特别。他按照东西方文学分类研读的方法，一周换一次，每周四五本书，日夜津津有味地读。每逢周末，他都会抱着自己看过的书去图书馆还，成为清华十分亮丽的一道风景。一天，他将几本评论莎士比亚的英文学术著作看完，认认真真地做好札记后，抱着去还书，在林荫道上忽然碰到一位非常面熟的老人。

老人看见是钱钟书，也停下了脚步，走过来，翻了翻钱钟书手中的书，面露遗憾。钱钟书猛然想起，这位老人就是大诗人陈衍啊，于是他毕恭毕敬地问道："先生对晚生有什么难以说明的事情吗？"

老人上下打量了钱钟书一番，见他剑眉星眼，直鼻权腮，神采飞扬，潇洒倜傥，便自言自语道："果然是一表人才，只是可惜啊，你为什么只看那些洋字母呢？咱们中国又不是没有汉字，经史子集，哪一样不够人研究一辈子的啊？"

钱钟书一听，心里暗自觉得好笑。他自认国文水平是不低于英文的，便昂首说道："东西方的文化都是人类文化，不存在谁高谁低的问题。不瞒老先生说，我同样认为咱们中华的文化在博大精深上是高于西洋文化的，不过西洋文化之逻辑性、系统性，也是跟我们的文化有共通之处的……"

钱钟书很少跟人滔滔不绝地讲话，更何况是德高望重的老师，只不过陈衍触碰到了钱钟书一直以来都在默默思考的问题——东西方文化到底有哪些不同和相同之处，它们的魅力分别集中在哪一方面。他这样子说话其实是自言自语，而陈衍却丝毫不认为钱钟书无礼。他静静地听着，不发一语。钱钟书讲得差不多了，才发现自己这么大放厥词实在是太无礼了。没想到老先生却笑眯眯地说："人家都说你上课功夫好，这么看来你课下的功夫是更好的了，你说的学贯中西，的确有道理。"

没想到老先生如此通情达理，让钱钟书感觉到分外地温暖。其实老先生哪里知道，钱钟书不仅修英文课程，拉丁语、德语、法语他也都已经开始接触了，并且收获很多。他善于多种语言共同学习，凭借自己绝佳的记忆力，一次次攀登上语言的高峰。

此后二人便成了莫逆之交。陈衍是德高望重的老前辈，在年龄上比钱钟书大了四五十岁，可他丝毫没有好为人师的样子。在钱钟书面前，他认为二人是平等的，并且经常对钱钟书的独到见解表示出十分的赞赏，有时候竟然会击节叫好。

不过老人的思维总是固执的，陈衍对西方文学的误解始终存在。为了给陈衍老先生解释明白自己的所学，钱钟书玩了聪明的一招，他将陈衍的好朋友林琴南拿出来说事。他说，自己最初接触西方文学，就是林前辈翻译的，林前辈的翻译非常有味道，自己也因而喜欢上了西方的小说。钱钟书还说，西方小说的那种系统性是值得东方的作家学习的。中国的作品就比如水浒、三国，在结构上也都有不系统的地方或者可能。

没想到往常非常和气的陈衍先生听钱钟书这么一说反应极大。他横了眼，做出一个不再听的表情，说道："你知道他要是听说你是因为这样喜欢上西方文学的话，会有什么样的反应吗？他会非常遗憾的！你既然喜欢他，就应该更加注重他的古文。"

钱钟书十分诧异地哦了一声："难道还有这回事？"

陈衍说道："琴南是最讨厌别人恭维他的翻译和画的，因为在他看来，自己的翻译好，是因为抓住了中华语言的精髓，而他的画嘛……我曾经当面夸赞过，可他却大为恼火。日后他跟我说，如果别人只注重他的画，而不注重他的品性，那还有什么意思呢？瞧吧，他也是个怪人。"

钱钟书哈哈大笑，名人自有名人的怪脾气，这话还真的不假。

"不过，您倒是我所见过的名士当中比较开明的一位了。"钱钟书说的话不假，陈衍是戊戌变法前辈的后人，思想的确比较开明。他曾经评论过科举制度，说科举是因为上层要选几个为自己办事的人，就不惜耗散大多数读书人的大半辈子时光，实在是得不偿失的。"以前的人，只有当上进士之后，才有精力进行科研，做做学问，或者致力于文章，而在中进士之前，就只能死背四书五经，忙于策论八股，其实以前人们做的那些文章，就我看来，现在的高才之士写的文章，比他们并不差的。"钱钟书听了，认为非常正确。

全面的博览，使得钱钟书有着异于常人的全面眼光。在他的著作《管锥编》中，他明确提出了"打通"的观点：东西打通，南北打通。他认为，凡是针对文学上某一观点的讨论，每一个门派都是有一定道理的，但凡自称一派，肯定有自己的风格，派别之间不应该存有藩篱，而应该凭着宽容的态度，互相借鉴，互相包容，这样才能取得进步，为了繁荣世界文学，东方国家和西方国家也不应该隔绝，而是应该取其精华，去其糟粕。在《管锥编·序》中，钱钟书提到了郑玄的一个观点——旁行以观，用通俗的话来说，就是多做周围的工作，但注意力始终要集中到自己的目标上，有句话说得非常好，善吟者功在诗外，文艺的道理是具有极大的相通性的，只有将自己的内心充实化，才能做到触类旁通。

可以说，"旁行以观"用非常形象的笔触阐释了真正做学问怎样避免狭隘眼光的问题，而大学时期的钱钟书便已经注意到了这一方面。他将自己的知识融会贯通，在论述一个问题的时候信手拈来，又是那么地恰到好处，让人不能不佩服。

有人说，中国 20 世纪有两个百科全书式学者，一个是鲁迅，另一个就是钱钟书。他们两个不仅对中国传统的正宗文化有着深厚的学习底蕴，而且对于佛家、农家、医家、商家，甚至旁门野史、鬼怪趣谈，都有着浓厚的兴趣。比之于鲁迅的斗争性，在浏览量方面钱钟书可以说是更胜一筹的。

钱钟书最喜欢的课是英文课，因为英语底子非常好，所以老师讲的东西他几乎早就了然于胸了。日后跟钱钟书关系非常要好的英文老师吴宓，就曾经和钱钟书在课堂上发生过十分有趣的轶事。

吴宓是一个非常善良宽容的人，但上课时讲究原则，绝对一是一，二是二。在学问上，他不容学生有丝毫的马虎，有的时候也比较严厉，唯一的例外就是对钱钟书的态度。

钱钟书上课从来不记笔记，还常常偷看课外书，可能是古文的，可能是心理学的或者哲学的，也可能是英文的。吴宓深知钱钟书英文之佳，读书之广，对他很赞赏，从来不反对他在课上看其他的书。更让人惊叹的是，吴宓每当讲完外国文学的一个难点的时候，都会面带笑容，请钱钟书起来讲一下自己的感受。而年少气盛的钱钟书也毫不客气，用流畅的英语对吴宓所讲内容的优缺点进行指明，用词很直接。吴宓对此丝毫不介意，他往往微笑着听完钱钟书的品评，然后表示佩服。

很多年之后，钱钟书已经成为有名的学者了，他对当年的不恰当态度曾有过深刻的悔意，写信向吴宓道歉。没想到吴宓只是哈哈一笑，表示有钱钟书这样的学生是自己的荣幸。

如果钱钟书遇见的是一位格外不讲情面的老师，那会怎样呢？二人肯定会闹出极大的矛盾，这对钱钟书的发展肯定是不利的。他曾经说过，自己非常感谢吴宓老师的宽容，正是因为吴宓，他对英文有着更深一层的热爱。而吴宓那种大学者的宽容与善良，对钱钟书的人格同样有着巨大的影响。

芳华无情，总在刹那间凋谢。岁月匆匆，不待人生几多愁。回忆是抓不住的月光，握紧就变黑暗。钱钟书肯定这么回忆过，自己在最好的年华，遇见了最好的老师，这是自己生长的力量啊。

3

指尖滑过清脆的书页

水木清华的校园，就像一方清澈的池塘，钱钟书就像是一只快活的鱼，在里面自由自在地游来游去。而且，他是这里面的头鱼。水中的氧气，就是清华那藏书极其丰富的图书馆。

在当时，清华大学的藏书在全国都是屈指可数的。无论是小说、文艺理论、戏剧，还是历史、科学、哲学著作，包揽古今东西。尤其是一些其他地方没有的线装书，很多成为清华大学图书馆的镇馆之宝。凡是在校的学生，可以在里面任意选择书来看。钱钟书自然是这些"书虫"里最用功的一位了。可这还不能满足钱钟书读书的热情，他经常借阅东西方的文学名著交替来看。

根据当时同学们的回忆，钱钟书读书有自己的怪癖，那就是喜欢在书上写写画画。钱钟书的写写画画绝不是肆意地在书上勾勒，随笔涂抹，而是一旦当自己对某一段落有感悟的时候，便用铅笔在页眉上标明，或者在旁边用铅笔标出来。而这两项工作还有另外的一个目的：让别人看书的时候多了几分"方便"。

清华大学大部分藏书都有他的手迹，别人看了，徒增自叹不如之感。有人戏称，当自己看到钱钟书勾画的书本时，就会有"高山仰止，景行行止"的感觉。可见钱钟书简直可以称为"可怕"的读书人了。

因为这样，还发生过一次趣事。有一天，钱钟书在图书馆看书时，偶然翻阅到自己前些天"批阅"过的文章，上面语气尖利，毫不留情。钱钟书想，当时自己肯定是有什么不顺心的事情，连带着发泄到这本书上了。心中过意不去，于是欣然提笔继续写道："书本无过，我有多失，并非有意冒渎。"然后继续看。

因为书太厚了，他没有全部看完，而借阅书又太麻烦，于是他将书放到原来的位置，回去了，准备第二天来接着看。第二天他早早地来到图书馆，翻阅昨天的那本书，却发现在自己的两行批语下面新增了几行批语：不知何处憎书人，眼前涂抹丢煞人。下面是：不悔自己无颜色，却将丑语怪他人。

钱钟书看了前两句批语，心想这人有意思。等看到下面的两句，又不由得哈哈大笑。他想，这人肯定喜欢读《红楼梦》，一时拿来引用，倒也能抒情达意，我钱钟书总爱批评别人，原来以为人家肯定会对自己口诛笔伐，想不到还有不露面的大侠客，在护着自己哩！

想罢，他又用黑而浓的铅笔在底下写道："无端弄笔是何人？剿袭清华钱子文？"这在《红楼梦》中是"不悔自己无见识，却将丑语怪他人"前面两句的化用，原本是："无端弄笔是何人，剿袭南华庄子文？"这是黛玉嘲笑宝玉悟禅机的话，钱钟书这么说，又是在批评两人不自己反省，专门挑别人毛病，这样，他又处于众人之上了。钱钟书以极快的速度将那本书看完，想，多少年后，或许真的会有人拿这本书来挑什么事呢。

钱钟书的幽默睿智与博学，在此可见一斑。

这是钱钟书在公共书上做的事情，在自己的书上，他也在页眉上做笔记。用他的话来说，这样容易"找"，因为但凡学问做到一定程度的人，其图书浏览量必然也不会少。这样，写学术论文的时候，怎样引用更加方便就成为最重要的问题之一了。钱钟书喜欢在页眉上写上自己的见解，非常有利于查找。他的很多文章旁征博引，引证十分丰富，不只因为他博闻强记，还跟他做标记的习惯有着莫大的关系。

钱钟书修长的手，滑过散发着墨香的书页，就像天上的雨滴触摸到翠绿的荷叶。两种物体一触碰，就产生奇妙的反应。无论是坐着也好，站着也好，还是趴着，蹲着，钱钟书一旦摸到书，心中的杂念就会骤然间消失，精神马上就会集中到一个点上。有人曾经问过钱钟书，你是怎么做到过目不忘的？钱钟书说，我也不知道啊，我只知道，当我集中自己的心思到一个事物上时，我仿佛就能看透它。

不要小看这句话，"看透"，代表着一种自信、一种阅历、一种独特的生活风格、一种强大的大局观念。拥有这种生活态度的钱钟书，永远不会惧怕任何风雨，看庭前花开花落，随天上云卷云舒，他有一个强大的自我。

从古到今，由东方而西方，如果对一个论点的论述不够完善，钱钟书是绝对不会罢手的。他喜欢"一网打尽"的做学问方法，一旦确定了题目，就将所有能够找到的资料都拿来对照参考，不留一丝遗憾。就是凭借着乐观的态度和强大的自我掌控能力，文艺批评巨著《管锥编》终于得以完成了。

有人说，钱钟书先生是一个人生悲剧论者，但他却是一个清醒的现实主义者。他能够清晰地将思维与现实世界分开，能够将自己的心性从嘈杂的世界中剥离出来，然后坚守它，不让任何风雨打消自己对生活的那种热切的情怀。凡大学问家，必是大生活家，信哉斯言。

年华恣意绽放

　　如果说，从前在无锡，钱钟书只是个地方级别的才子。那么，到了清华，他在真正见识全国各地的人，看更多层面的书之后，从本质上，他已经成为了全国级别的才子。他非常清楚地认识到了这一点，心中的自信与日俱增。

　　有句话说得好，厚积薄发。厚积之后，自己也会自然而然生成喷发的冲动，钱钟书就是如此。他看的书多，文思也格外不同，所以自己早就写满了一大本子灵感。

　　巧合的是，清华恰好有一个刊物适合钱钟书——《清华周刊》。《清华周刊》本来是由清华大学的学生组织创办的刊物，为的是将同学们的日常生活做一个有趣味的记录，达到娱乐的目的。而随着时事的发展，为了将政治事件及时地传达给学校里的同学，培养同学们爱国爱民、四海关心的意识，这个刊物就增加了政治谈论、评论的专栏，并且占据的规模越来越大。最后终于走出了校园大门，成为一份全国性的大刊物。同时，随着政治内容的增加，纯文学的部分就越来越少了，但以钱钟书的水平，视在上面发表文章为简单不过的事情了。

有几篇文章到今天都经常被人称道，其中的一篇叫作《小说琐征》，完全是用考证的方法来做文学。他曾经笑称自己是借用了历史的方法来做文学。

《小说琐征》这篇文章分为三部分，是钱钟书考证积累的三个小成果。其中尤其第三部分为人称道，他做的是汤显祖的曲子《牡丹亭》的考证。钱钟书借用自己读书广博、思维严谨的优势，对《牡丹亭》的政治意图以及影射索隐进行了深入的探索。为了将自己的所长跟自己的所好结合起来，钱钟书费了不少工夫。但事后的一切事情都证明，他所费的工夫是值得的。正是因为他的用功，才使他成为屈指可数的大学问家，并且是基础知识最为牢固的几个人之一。

也正是因为钱钟书发表了一些很具有学术价值的文章，《清华周刊》非常器重他，任命他为文艺组编辑。当时的学术组编辑是吴晗，文艺组编辑是钱钟书和吴祖缃，可见当时《清华周刊》阵容之豪华。除此之外，钱钟书还担任英文副刊的主编，为了撑起刊物场面，钱钟书亲自写过很多文章。可惜现在存有的文章已经很少见了，如果被发现，当是具有重大学术价值的轶文。

其中的一些旧体诗现在成为研究钱钟书非常珍贵的资料。比如1932年3月26日，《清华周刊》发表钱钟书的旧体诗《得石遗先生书，并示人日思家怀人诗敬简一首》。当时的钱钟书正好读大三，这首诗得到了石遗老人即陈衍以及罗家伦的赞赏。钱钟书对自己写的诗也越加自信，但是他讨厌那些拿自己的诗词卖钱的人，认为这样的人"格调"不高。他曾经专门写信给钱基博，说自己要印刷旧体诗的书，收录自己的作品，大约一百册左右就够了，绝对不多印。用他自己的话说，就是"不屑与人争名也！"多么狂妄，多么霸气，多么自信的青年！

然而时光就是这样，喜欢跟人开莫名的玩笑。钱钟书知道这一点，他更知道，以自己的积累与自信，可以去更广阔的外在世界看看了。而钱钟书的恩师，外文系的著名教授吴宓却不这么认为。他的观点非常实在，清华以钱钟书为荣，希望钱钟书留在这里。

这个态度在钱钟书毕业之前就流传开来了，有一些教授比如陈福田、叶公超等对此十分不满。他们认为吴宓是在损害教师的威信，是在助长学生的不正之风，所以心中都暗暗存有意见，这也为日后他们与钱钟书的矛盾埋下了伏笔。

钱钟书在吴宓课堂上的种种表现，就像上文说的那样，丝毫没有让吴宓感到一丁点的不快。他真的佩服钱钟书的才学，他曾经对人说，欧阳修认为再过三十年，就没人看自己的文章了，转而崇拜苏轼，而我完全没有高出钱钟书的实力，更没有放他出头的资格——这话传到那些看不上钱钟书的人的耳朵中，产生了更大的刺激，一个个开始对钱钟书和吴宓白眉横眼。

吴宓视而不见，他想，关于钱钟书日后去留的问题，是时候跟他本人商量一下了。于是他想亲自找钱钟书谈谈，钱钟书尽管狂傲，但在内心深处，已经越来越向吴宓倾斜，因为他深切感受到了吴宓为人的宽厚与博大。听说自己的老师找，钱钟书心中便猜到了七八分，他披了一件夹克上衣，穿上，来到吴宓的办公室。

"坐坐坐。"吴宓热情地请钱钟书坐下，自己搬了个凳子，坐在钱钟书面前，"莎翁的全集读完了吧?"这些天钱钟书上课拿的闲书已经不是莎士比亚的作品了，吴宓是以得出这个结论，他深知钱钟书"一网打尽"的读书方法。

钱钟书有些腼腆地笑笑，忽然觉得自己经常对别人骂吴宓"笨"，做得有些过分了。

"来来来，喝点红茶，印度的。"吴宓给钱钟书重新拿了个新的杯子，将茶给泡好。要知道，清华当时可是全国一流的学府，清华的老师，个个都是极其有威望的大家，而吴宓却给自己的学生倒水泡茶，就像对待王子一样恭敬。钱钟书说谢谢老师，心道不知道这茶叶是从哪里弄来的，尝了一口，味道浓郁，回味无穷，他立马喜欢上了这茶。

"毕业了，有留下来的打算吗?"吴宓直接切入主题。

"这……"钱钟书一时语塞，但他还是坚持了自己的观点，"老师，我暂时没有留在清华的打算。"

吴宓的脸上依旧是笑着的表情，但分明停顿了一下，那微笑因而显得有点不自然："是，你的确没有在这里读研究生的必要，以你的水平。"

钱钟书不说话，他的确认为自己没有什么读研究生的必要了，没有必要了。其实这里所谓研究生他都接触过，说实话，自己看上眼的也没有几个。

有人说，钱钟书有自己的世界。是的，钱钟书有自己的世界，可他的世界不是封闭的，在任何时候，世界的规律都成为他脑海中存之不去的探索目标，在他日后的作品《写在人生边上》中，他想象一个魔鬼来跟自己对话：

"论理你跟我该彼此早认识了，"他说，拣了最近火盆的凳子坐下，"我就是魔鬼；你曾经受我的引诱和试探。"

任何人的心中都有一个魔鬼，这是钱钟书一直坚持的事情，也是他内心中悲观一面的反映，但是心中的悲观并不能消除他对生活的热爱，心中的阴霾深沉，并不妨碍天空的晴空万里。钱钟书继续讲那个关于魔鬼的故事——

魔鬼接着说道："不过，你是个实心眼儿的好人！"他说时泛出同情的微笑，"你不会认识我，虽然你上过我的当。你受我引诱时，你只知道我是可爱的女人、可亲信的朋友，甚至是可追求的理想，你没有看出是我。只有拒绝我引诱的人，像耶稣基督，才知道我是谁。今天呢，我们也算有缘。有人家做斋事，打醮祭鬼，请我去坐首席，应酬了半个晚上，多喝了几杯酒，醉眼迷离，想回到我的黑暗的寓处，不料错走进了你的屋子。内地的电灯实在太糟了！你房里竟黑洞洞跟敝处地狱一样！不过还比我那儿冷；我那儿一天到晚生着硫磺火，你这里当然做不到——听说炭价又涨了。"

凡是稍微懂点西方文学的人，都可以明显地看出来这个魔鬼的来源——歌德的《浮士德》。

浮士德是一个饱读诗书的学者，但就是这样，他也没有建立起一个健全的人格，为了享受世俗的乐趣，他受到了魔鬼的蛊惑，去开创自己的政治、经济事业，而且还爱上了海伦，情感上陷入了极深的纠结当中。为了将自己的思想表达得更加彻底，歌德将这个小魔鬼设计成一个没有獠牙红眼的"天使"般的模样，这个形象跟钱钟书文章中这个善谈的魔鬼有异曲同工之妙。

这也可以看出钱钟书跟歌德对同一问题的思考——知识能不能让人幸福？歌德认为，所有的知识包括深邃的哲学，都不能从根本上解决人的与生俱来的缺陷——对欲望的追求，钱钟书同样认为，自己受过魔鬼的"引诱"。但钱钟书还是跟歌德不同的，魔鬼说完自己的话之后，加了句"听说炭价又涨了"，这种调侃，是跟深沉悲郁的《浮士德》截然不同的。

钱钟书说：这时候，我惊奇已定，觉得要尽点主人的义务，对来客说："承你老人家半夜暗临，蓬荜生黑，十分荣幸！只恨独身作客，没有预备欢迎，抱歉得很！老人家觉得冷么？失陪一会儿，让我去叫醒佣人来沏壶茶，添些炭。"……

生活气息扑面而来，跟《浮士德》那种心理的拷问也不同，总之，钱钟书对世界的思考，以及对自己与世界的关系的思考，都是从淡淡的、富有幽默气息的笔墨中传达出来的，西方哲人的智慧，给了他无限的养料，而他自己，给了自己更多的哲学审美上的留白。

第 3 章

阳光和青草的味道

1

与谁相关

你的美好，

1933 年，恰逢一个风雨如晦的时代。国际局势紧张，全球经济低迷，但钱钟书作为名声出众的才子依然得以受聘于上海光华大学。

"光华"二字取自《尚书大传·虞夏传》里的《卿云歌》："日月光华，旦复旦兮"，更有发愤图强、光复中华之义。因其前身圣约翰大学 1925 年阻挠学生降半旗追悼"五四惨案"中的受害者，部分爱国师生愤然离校。因有爱国富商慷慨解囊，光华大学由此建立，成为当时思想教育的前沿圣地。大批著名学者皆曾在此任教，如潘光旦、胡适、徐志摩、卢前、蒋维乔、黄任之、江问渔、吕思勉、王造时、彭文应、周有光、杨宽，等等。

其时，钱钟书的父亲钱基博已由中国文学系主任升至文学院院长，正所谓"虎父无犬子"，钱钟书先被光华大学破格聘任为外文系讲师，后又被清华大学破格录用。作为一名大学毕业生，他跳过了担任助教的阶段，直接作为英文、西洋文学和文学批评的讲师加入了清华学者的阵营。这皆得益于他学生时期在清华的出众表现，他发表于全国性刊物上的文章见解独特精到、掷地有声。作为一名讲师，他在课堂上出众的口才以及学识的渊博更是赋予他出众的人格魅力，学生无一不被他妙趣横生的课堂吸引，课堂气氛热烈、座无虚席。

即使是成为了一名大学教师，钱钟书也并未停止学习探索的步伐。他不仅闻名于知识的广博和精湛的授课技巧，更为师生所钦佩的是他的勤奋好学、博闻强记。在他初到光华大学时，与另一青年教师同住。恰逢室友在读一册他读过的文学批评史，钱钟书便让室友考一考他是否还记得。钱钟书对答如流，室友大惊，那本书以深奥难懂而著称，相比常人读之艰辛，钱钟书竟能理解吃透、背诵如流，闻者无不赞叹不已。

钱氏父子同在光华为师时，光华师生更是有幸对两位大家的学习生活窥见一斑。据说父子二人经常挑灯夜读，深夜不寐，互相勉励，互相请教问题，一时传为佳话。虽然钱钟书表示这一传言是失实的，父子二人并不同住，作息不同，鲜有共同读书的机会。但是，关于钱钟书如何勤奋读书的传言也并非空穴来风，因其早在少年便养成了勤奋好学的良好习惯。

钱钟书的幼年在现在看来颇有些传奇色彩。因为伯父没有儿子，按照惯例，钱钟书一生下来就过继给了伯父。"钟书"一名正是由他刚满周岁时"抓周"，抓到一本书所得。钟书四岁，伯父教他认字。六岁，他被送入秦氏小学，但是由于体弱多病，不到半年，伯父便让他待在家不再去上学，又因觉得进私塾甚有不便，便自己做起老师，亲自教导钟书。因为对钟书的疼爱，伯父的管教还是不甚严厉的，钟书常能得到两个铜板，一个让他去买酥饼吃，另一个让他去看小人书，加之经常有机会跟伯父去伯母娘家，贪玩于那儿的大庄园，钟书难免要耽误些功课。

最让他父亲担忧的是钟书从伯母娘家人那里沾染了不少坏毛病，譬如生活无规律，等等。对于娘家人有抽大烟的爱好，钱父更是深恐儿子小小年纪耳濡目染，为此时常予以批评告诫，但亦十分考虑到孩子的感受，从不在其小伙伴面前予以指责。

钟书对父亲是感激、敬畏而又怀有愧疚的。到了十一岁，钟书考取了东林小学，虽然屡屡获得老师"眼大于箕"或是"爽若哀梨"的佳评，但疼爱他的伯父不久去世了，悲痛不已的钟书一度深受打击。尽管他的学杂费并没有失了着落，但父亲一力负担所有的费用显然是心有余而力不足的。

懂事的钟书自小便学会了如何节俭以补贴家用：作业本是伯父曾钉起的旧本子；笔尖是削尖的竹筷替用的。日子就这样清贫但又充实地度过了，钟书十四岁以优异的成绩考上了桃坞中学，因在清华大学任教的父亲对自己的作文始终不满意，他从此更加发奋用功读书，积累了深厚的阅读功底。看着他代父亲写的信和诗歌，父亲的脸上终于露出了得意的笑容。1925 年，十五岁的钟书返家度暑假，乃得知《古文辞类纂》、《骈体文钞》、《十八家诗钞》等大型选本，从此开始系统阅读，开始了他的治学生涯。

虽说钱父曾一度对于钱钟书的作文不满，事实上他开笔还是很早的。最初在《清华周刊》上系统地发表文章之后即备受关注、大获好评，到后来在全国性刊物《新月》及《大公报》上发表文章及书评，更是令其名声大噪。即使成为教师后，他仍源源不断地为这些刊物供稿。仅在他远赴英伦的前两年，他就累计发表了各类文章十二篇，其中《中国文学小史序论》与《论复古》等更是广受好评，其中他所展现出的文学思想成熟独到，足见功力之深厚。

《与张君晓峰书》则表达了他对文言文与白话文的看法，恰逢文学革命中胡适等人反对用典的观念盛极一时，而钱钟书却坚持用典无可厚非。在今天看来，这一看法是十分明智的。

文言文与白话文各有千秋，若想精于任何一门都实属不易。但他也并不赞同不读文言文就无法对我国固有文化起到领略、接榫作用的迂腐观点，苦读古书、皓首穷经的死记硬背也是为他所不提倡的。这正是一种积极进步的新旧文化去糟取精、积极融合的进步观点，以他当时尚轻的年纪，能有如此见解，当真是老辣利落。梁锡华先生说："这封信，应该在现代语言文学发展的洪流中，起到水坝的作用，应该是储汇众水而能产生无穷电力的源头。"

钱钟书此时对旧体诗方面的造诣可以说达到了巅峰，在光华大学期间，他曾有大量诗作，大都发表在《国风》半月刊上，以《论诗友诗绝句》为最。后结集《中书君诗》出版，以赠亲友。各位学者赞赏不已，由以其师吴宓最为欢喜，赋诗《赋赠钱君钟书，即题〈中书君诗〉初刊》祝贺：

> 才情学识谁兼具，新旧中西子竟通。
>
> 大器能成由早慧，人谋有补赖天工。
>
> 源深顾赵传家业，气胜苏黄振国风。
>
> 悲剧终场吾事了，交期两世许心同。

——《吴宓诗集》卷十三

赞扬之意溢于言表，可见吴宓惜才之意，也表现出钱、吴两家交情之深。

除此之外，陈衍在《石遗室诗话续编》中也表达了对钱钟书的赞赏之情。

他说："无锡钱子泉基博，学贯四部，著述等身。肆力古文词……哲嗣默存（钟书）年方弱冠，精英文，诗文尤斐然可观，家学自有渊源也。"并摘出不少佳句："又《秋抄杂诗》十四绝句，多缘情凄婉之作，警句如：'春阳歌曲秋声赋，光景无多又一年'；'巫山岂似神山远，青鸟殷勤枉探看'；'如此星辰如此月，与谁指点与谁看'；'判将壮悔题全集，尽许文章老更成'；'春带愁来秋带病，等闲白了少年头'。"更评《太庙》一诗中的"寝庙荒凉法器倾，千章黛色发春荣。最宜杜老惊人句，变雅重为古柏行"为"与余《扬州杂诗》'最宜中晚唐人笔，此地来题绝句诗'貌同而心不异"。

虽然饱受好评、成绩斐然，但《中书君诗》的印量和流传却十分有限，流传至今恐怕鲜有一见，几成孤本。但钱钟书对于自身诗作的要求是很高的，这本当年佳评如潮的诗集在钱钟书的心中竟是并不满意的作品，这不能不让人想起在上大学的时候给父亲钱基博写的信，他"不屑于"与人争，"不屑于"什么功名，这个册子印发的数量因此寥寥无几，也成为研究钱钟书的重要资料。

他在后来曾说："十九岁始学为韵语，好义山，仲则风华绮丽之体，为才子诗，全恃才华为之，曾刻一小册子。"即是指此文集。事实上，如胡适所说，作律诗是一门难做的功夫活，非有几十年功夫而不成。

十四五岁才开始学习作律诗的钱钟书在二十岁左右有如此成绩，已是非常惊人，可谓开蒙虽晚，但天赋过人，他的成绩称得上是"斐然可观"。加之陈衍先生悉心指导，钱钟书秉着多读少做的宗旨，在才子诗的基础上改弦易辙，其旧体诗可以说更有进境，无一不佳。

无论是文言文还是白话文，都是指中文，而在精通中文的同时，钱钟书的英文才华开始展露。钱钟书除在大学任教外，还担任英文《中国评论周报》的编辑委员，还参与了由温源宁主编，林语堂参与编务的 The T'ien Hsia Monthly（《天下月刊》）的编务与撰稿，先后在此类刊物上发表过关于中国诗及戏剧的文章，涉及中西比较，可见其学贯东西的功力。

2

一怀翰墨

在 20 世纪的中国，这个东西方文化进行剧烈的冲击的时代，这个中国文化的新旧交替的时期，学者辈出，而对于学者的衡量，也因而出现非常多的标准，其中非常重要的一条就是翻译的功力。当代的大作家，才子李敖曾经谈起过翻译对衡量一个学者水平的重要性，比如"fellow me"，如果水平不太高的学者，可能就翻译成了"跟我来"，但李敖却对这样的翻译嗤之以鼻，他说，在多数的情境中，这句话应该翻译成"看我的。"翻译，不仅仅衡量一个学者的外文水平，还衡量一个学者的中文水平，只有中英文俱佳的学者，才能有好的翻译。

而巧合的是，钱钟书的博学不仅体现在他的文笔上，从他的翻译功力上也可见一斑。究其根源，林琴南应该是对钱钟书的翻译有过很大影响的翻译家。钱钟书上中学的时候，对外国文学的兴趣与日俱增，为了有朝一日能够津津有味地阅读英文原著，他发奋地学习英语，而他当时读到的翻译小说就是林琴南的手笔。

随着经历的增长，外文水平的不断提高，钱钟书的英文水平已经达到出神入化的水平了。温源宁为英文《中国评论周报》写了二十多篇当代名人小传，因颇得春秋笔法真传（从一字或者几个字当中可以很清晰地看出来作者的褒贬态度），文字俏皮，趣味盎然，着实惹恼了很多人。文人的生活往往有自由性，因而有了隐私性，这十几篇名人小传丝毫不给人留情面，并且带有很强的调侃的意味，所以如此。但是，社会上毕竟还有很多人是正直的，对这些讽刺虚伪文人的传记，更多人为之捧腹喝彩。

温源宁的这二十多篇文章得到了社会的强烈的反响，这是他自己本人起先没有预料到的，而为了扩大这些文章的影响力，1935 年，温源宁挑选了十七篇，题为 "Imperfect Understanding" 交由上海别发洋行出版。

当时林语堂主管这本书的出版，他想找一个颇合乎这本书的特色的人来给里面的文章做一个书评，那样肯定会增加书的销量的。找谁呢？林语堂想得非常辛苦，忽然他灵机一动，除了钱钟书，谁有那个本事、才华与资格来给这本书做一个书评呢？他马上联系到钱钟书（二人通过一起编辑报纸，已经非常熟悉了），约他吃饭。钱钟书向来对林语堂的学识十分欣赏，立马答应了下来。第二天，二人在西餐餐馆里见面了。

林语堂跟钱钟书握手，笑着说道："默存真是守时啊——"钱钟书连忙说惭愧惭愧，自己心道不喜欢吃牛排猪排，喜欢英文不喜欢西餐的学者也不在少数，偏偏碰上一个吃西餐的。钱钟书又不好意思拒绝，于是微微一笑。

林语堂一见如此，便知钱钟书心中有小心思，只请他坐，然后服务员沏了浓浓的红茶来，林语堂说道："红茶还好？"钱钟书莞尔一笑："好！"林语堂看出来钱钟书是发自内心地喜欢，不过他没有注意到，到服务员将牛排端上来的时候钱钟书正暗自痛苦呢。

"那么——书评的事情已经知道了吧？"林语堂十分亲热地说道。钱钟书点点头："文章都不错，讽刺得恰到好处，只不过书的名字应该斟酌一下——"钱钟书稍微有点狡黠地看了林语堂一眼，林语堂哈哈一笑，他知道钱钟书肯定是有了主意了，于是说道："如果有什么想法，还请不吝赐教。"

钱钟书说道："我认为'Imperfect Understanding'有一个好的翻译，不知道您看如何？"林语堂连忙问是什么，钱钟书说道：

"不够知己。""好，好!"林语堂狠狠地拍了一下自己的大腿: "非常好! 我就知道你肯定有好的想法! 但是——只有这么个题目，好像不够深厚——里面的内容你看过吗?"

钱钟书点点头: "稍微看了看，感觉是不错的，当然，这是以我浅陋的眼光看的——"林语堂说: "噢?"他朝着钱钟书做了一个请的姿势，于是钱钟书忍着难受的感觉，马马虎虎地割了一块牛排，再割下一小块，放到嘴里，狠狠地嚼几下之后，大口喝一口红茶，使劲咽下。林语堂在昂着头回顾书里面的内容，也没有注意到钱钟书的难堪。

钱钟书说道: 'Imperfect Understanding' 这个题目来自于英国散文家兰姆的一部作品——"钱钟书还没有说完，林语堂早就瞪大了眼睛，要说自己也对外国文学颇有研究的，可这个题目的来历还真没听说过，他连忙说道: "请讲，请讲，我倒是要领教一下喽!"钱钟书正了正自己的眼镜框，慢慢说道: "这个题目是来自于兰姆的一篇小品文 'Imperfect Sympathies' 而且，我觉得温源宁的文笔是有来源的——"

林语堂又目瞪口呆了，他万万没有想到钱钟书任何资料都没有查就将兰姆的散文题目十分准确地背诵出来了，林语堂说道: "好，很好，那么——他文笔的来源是什么呢?"

"我认为温源宁的文笔深得英国散文家夏士烈得的精髓，无论是从结构上还是从叙事策略上。如果具体地说，这本书整个儿的体裁和方法是夏士烈得《时代精神》一书脱胎换骨的。"

钱钟书忽然觉得自己说的话太多了，便住了口，开始费力地切盘子里面的牛肉。牛肉有一些腥气，钱钟书闻了闻就住了手，干脆抿了抿杯子里的红茶。林语堂低着头，仍然没有注意到钱钟书的窘状。

"可以从细节上说一说吗？关于这两本书的渊源问题？"

"根据我的观察，两本书的雷同之处可以说是非常多的。首先，两本书都不喜欢从正面来描写一个人物的特点与固定思维，而是从侧面来写人物，比如借用别人的话语进行评价，比如用事情的结果来印证当事人办事的态度；其次，两者在讽刺上面可以说是极其相似的，不仅对人进行讽刺，更借用各种机会来通过人讽刺这个世界，讽刺社会的不公平，如果说，讽刺本身就代表着一种正义感的话，我认为这两位作家都是有社会责任感的。除此之外，还有可以意会不可以言传的风格继承问题，两者在风格上有着极微妙的相似，好比父子兄弟间面貌的类似，看得出，说不出，在若即若离之际，表现出他们彼此的关系。"

林语堂现在只剩下点头了，他颔首沉思，半晌才说道："人家都说你有才华，以前我也见识过，可如今看来，你中西方文学贯通的功力的确让我也佩服得紧啊，哈哈——那么，你对温先生写这本书的作用有什么看法吗?"

　　钱钟书说:"借用西方文学的精华,温先生应该算是先驱了,我们如今正处在学习与融会贯通的阶段,中国的文学跟外国的文学应该多交流,这样才能够打通隔阂,所以温先生做的事值得我们每一个人尊敬。温先生是弄文学的,本书所写又多半是文学家,所以在小传而外,本书包括好多顶犀利的文学批评,因为他本人对搞文学的人了解得最透彻了,这也非常有夏士烈得的风采,以批评为自己的事业似的——"钱钟书非常幽默地说道。林语堂笑了。

　　"那么,关于雨僧(吴宓)老师的那篇文章,你可有什么意见?"林语堂知道吴宓是钱钟书的恩师,而温源宁在一篇"批评性"的文章中提到了吴宓,他说吴宓"脑袋形似一颗炸弹",而他的"一对眼睛亮晶晶的像两粒炙光的煤炭"。又说"世上有一种人,永远不知所谓年少气盛是怎么一回事。雨僧就是其中一个。虽然已年满四十,他看起来是在三十与百岁之间,他待人以宽,待己却甚严"。他的立论上"是人文主义者,雅典主义者;但是性癖上却是彻头彻尾的一个浪漫主义者"。吴宓"为人坦白无伪,所以此点人人都已看出,只有他自己看不见"。

　　钱钟书早就对牛排没有什么兴趣了,他甚至干脆放弃了努力,只小口地喝着红茶。林语堂问了他这个问题之后,他说:"没有没有,没有——必要,我的老师是什么样的人我自然清楚,而温先生说的话并没有脱离实际来诋毁我的老师，并且，他们是很好的朋友。"林语堂点头。

吃完饭之后，林语堂对钱钟书的文学功底已经有了个大致的了解了，他很满意钱钟书的才华，而有意思的是，钱钟书却对这顿饭痛苦不已。

关于吴宓的那篇文章发表之后，因为这篇署名的文章文笔、格调都与钱钟书类似，外界盛传文章是出自他之手。钱钟书笑着引王维《卢氏杂记》中的话和褚先生为太史公补《史记》的典故来自嘲，并且赋诗一首以辟谣、解嘲：

褚先生莫误司迁，大作家原在那边；
文苑儒林公分有，淋漓难得笔如椽。

日后，钱钟书和杨绛同在英国牛津，温源宁先生来信要钱钟书为他《不够知己》一书中专论吴宓的一篇文章写个英文书评。钱钟书是非常尊敬温源宁的，他立马放下手中的工作，写了一篇稿子寄出去。文章寄出后，钱钟书忽然觉得自己写得不够好，缺乏新意与调皮的话。他相信自己的英文颇有进境，可以写出更漂亮的好文章。他从来是有这个自信的，于是在信件中，他给吴宓起了一个外号，一个按正常的师徒礼节来说十分不礼貌的外号。

钱钟书对自己的这个灵感十分得意，还笑着拿给杨绛看，杨绛没有说什么。他于是赶紧把信寄出去，说是代替第一个稿子，登这一篇。而且为了让人们都知道自己的灵光，钱钟书特意在信底下写上了几句叮嘱温源宁不要改动的话。可是他不知道，自己的这一行为已经完全让温源宁愤怒了——温源宁看到钱钟书信中的那个刺眼的绰号，心中大怒，一个饱读诗书的人，怎么可以这样形容自己的老师！如果钱钟书是在学自己的讽刺，那么这样的讽刺是没有来由的——吴宓是多好的一个人啊——尽管自己调侃过他，可自己跟他毕竟是同辈中人啊，默存啊默存，怎么可以这个样子！

于是温源宁采取了一种最为打击人的回信方式——冷漠。温源宁的回信非常冷漠，只是淡淡说：上次的稿子已经刊登，不便再登了。

简单，冷漠，这是钱钟书的第一感觉，他接着读，后面写钱钟书那篇文章当由作者自己负责。显然他并不赞许，更别说欣赏钱钟书的那些个灵感了。收到这篇没有一句脏话的信笺之后，钱钟书如同在冰天雪地里被浇了一盆冷水。他静静地拿着自己的信笺，半天没有说话，他心中只有一个感想，那就是内疚。直到这个时候，钱钟书才有点恍然大悟，对宽厚的人刻薄，是天底下最没人性的事情之一了，吴宓对自己的欣赏是显而易见的，而自己的狂妄，是不可以原谅的！钱钟书一个人出了门，走过门口的一棵不认识的树，他使劲用拳头敲了一下，手背隐隐作痛。如果换作是别人，肯定会对自己大加笔伐的吧，文人的小心眼，钱钟书见多了，可自己竟然对最温和的老师说出那种话！

杨绛先生回忆起钱钟书这时候的感触时说道："钟书很失望，他写那第二稿，一心要博得温先生的赞赏。不料这番弄笔只招来一场没趣。那时候，温源宁先生是他崇敬的老师中最亲近的一位。温先生宴请过我们新夫妇。我们出国，他来送行，还登上渡船，直送上海轮。钟书是一直感激的。可是温先生只命他如此这般写一篇书评，并没请他发挥高见，还丑诋吴先生爱重的人——讥诮比恶骂更伤人啊，还对吴先生出言不逊。那不是温先生的本意。钟书兴头上竟全没想到自己对吴先生的狂妄。"

所幸，吴宓先生是十分温和宽厚的人，并没因此责怪于钱钟书，这不仅让他十分感激，也提醒了他更加注意分寸。

泛黄照片里的旧事

爱有很多种。肾上腺素激增，瞬间的天雷地火是一种。志趣相投，细水长流度过平淡流年的也是一种。古往今来，才子的爱情更会受到关注，他们的女人也会在历史的尘埃里浮出轮廓。

钱钟书的爱情，这是所有当代文学爱好者嘴里的一个永恒的话题。

钱钟书和杨绛在某种程度上的契合，达到了令人艳羡的程度。两个人都拥有倾世才华，又在为人方面做出了极好的榜样作用——如果从 20 世纪选出一对最合适的文人情侣，想必大多数人都会毫不犹豫地选择杨绛跟钱钟书。

对于妻子杨绛，钱钟书曾说过这么一段话：我见到她之前，从未想到要结婚；我娶了她几十年，从未后悔娶她；也未想过要娶别的女人。由此可见，钱钟书对杨绛的爱是深沉而专一的，胡适先生曾经公开批评过当时中国的留学生，回到国内之后的第一件事就是办离婚，与那些人相比，钱钟书跟杨绛的确可以称得上挚爱不渝了。这确是一段可遇而不可求的旷世情缘。

杨绛本名杨季康，父母朋友都亲切地称她"杨绛"。跟钱钟书一样，杨绛出生在无锡一个书香门第，两个人可以算是老乡了。其父杨荫杭与姑母杨荫榆是民国初年的风云人物。杨荫杭早年曾参加革命，后倾向于君主立宪，受过十分高等的教育，先后留学于日本早稻田大学、美国宾夕法尼亚大学，归国后成为一名律师，也曾担任法官及检察长等要职。杨绛在八个兄弟姐妹中排行第四，出生之时父亲已在北京政法学校任教，不久后辞职南归，任《申报》编辑，鼓吹革命。

在这样的家庭环境中长大的杨绛，拥有着一种天生的大气魄，而因为出生在书香门第，杨绛受到的教育是极好的。她面容温顺，宁静娴雅，从来不对人发火。杨荫杭曾经在家中孩子面前夸奖杨绛"天生的大家闺秀"，是的，跟许多豪门出身的娇滴滴的小姐们不一样，杨绛懂事、聪敏，善于体贴人意，甚得家中人的喜爱。

杨绛的姑母杨荫榆是最早对杨绛进行启蒙的人，曾任国立北京女子师范大学校长的她，有着极强的女权意识，为了争取中国的新女权思想，她奔波四处，是一个实践力非常强的女性。在北京国立女子师范大学担任校长期间，她勤奋工作，力图为中国女权运动作贡献。当时她的主要思想是"解放女性要走在时代变革的前面"。在她的眼中，女性有许多地方要比男性强，时代的变革如果加入了女性这一队重要力量，肯定会收到更加好的效果。

杨荫榆年少的时候同样受过极其优良的教育，曾留学美国及日本，她立志在教育方面做出自己的成绩，解放国人的思想，她刻苦攻读，获得了美国哥伦比亚大学教育学硕士。杨绛的两个姊妹也是难得的才女。在如此良好氛围的熏陶下，杨绛的性格温婉聪慧，知书达理，是典型的才女形象。

杨绛的成长过程中，遇见的最惊险的事情应该是十岁时生过的一场大病吧。当时杨绛持续发着高烧，开始有了昏迷的迹象。家里人有的说要请中医，有的说要请西医，杨荫杭当机立断，用西医！他固然不是因为反对中医，主要是中医以调养为主，效果可能慢点，当时的杨绛等不得太多的时间，于是最终还是吃了西洋药。吃完药之后，杨绛昏昏沉沉地睡过去了。为了不打搅她，家里人都撤了出去，可整整一天一夜，杨绛都没有醒来。杨荫杭着急万分，在他眼中，自己的孩子里数杨绛天资最好，她万一有个什么事，可不是天要灭我！又过了半天，杨荫杭再也忍不住了，

他正要请人将杨绛带入医院，杨绛却醒了！

日后谈起自己的这次生病的事情来，杨绛笑称自己当时只感觉一会儿在水里，一会儿在火里，一会儿十分清醒，但说不出话来，一会儿又昏昏沉沉的，像陷入了无底的地狱。医生说，杨绛是凭着顽强的意志挺过来的，她最终还是赢得了与死神的殊死搏斗。

"爸爸，我可能做不了女工了——身子这么弱。"

杨绛十分无奈地对杨荫杭说道，她继承了姑母身上的那股子闯劲，一直想出去做女工来补贴一下家用。只不过杨荫杭不赞成，一是觉得杨绛年龄还小，再就是觉得太委屈她了，她才十岁呢。杨荫杭说道："只要你们姊妹几个不出什么事就好了。"

幼小的杨绛打消了做女工补贴家用的念头，安心遵循书香门第的小姐应有的道路——从小接受教育，由小学读至大学并最终留学，天资聪颖的她不负众望，成为了中国文坛上一颗耀眼的明星。

1928 年，高中毕业后，杨绛一心想抓住清华大学开始招收女生的机遇报考向往已久的外文系。但造化弄人，孰料那年南方没有名额。杨绛得知这个消息之后，十分失望，但她还是淡然处之了。她姑母因此给她来信，有一句话一直激励着杨绛："你可能觉得女生这一生有太多的不公平，为了维持这个社会的运转，一些不公平竟然需要我们女人来承担，可这就是生活，总不会那么符合我们的心意的。有一些女人因此变得更加消沉，沦为男人的附庸，你也可以选择这样的路去走的，但你同样可以选择另外的路，继续努力下去……"

姑母的话正符合杨绛思量过后的心境，她心中的梦想是不容轻易放弃的。她就近报考了东吴大学，无奈读了政治学。这又是一次小小的打击，不过杨绛没有一点犹豫，政治学就政治学吧，她相信属于自己的东西，迟早会属于自己的。1932 年初，杨绛毅然放弃了美国韦尔斯利女子大学的奖学金北上清华，成为了研究外国语文学系的研究生。

冥冥之中，爱情已迈着轻快的脚步向她走来，清华园的钱钟书正在召唤着姗姗来迟的她。两个中国现当代文学上的大人物，即将穿越人群，在千万人中牵起彼此的手，走过一生。

4 邂逅一段流年

　　此时，钱钟书作为学生在清华早已享有赫赫大名，许多新同学对他既怀有仰慕，又心存敬畏。笼着一层神秘的面纱，作为同乡的杨绛怎能不想将它揭开？

　　终于，在风和日丽的 3 月的一天，杨绛在清华大学古月堂的门口，幸运地结识了大名鼎鼎的清华才子钱钟书。

　　当时钱钟书穿着青布大褂，脚穿一双毛布底鞋，戴一副老式眼镜，目光炯炯有神，谈吐机智幽默，满身浸润着儒雅气质。杨绛眼中的钱钟书是机智幽默、闪烁着机智与才气的；钱钟书眼中的杨绛是娇小玲珑、温婉而又活泼可爱的。钱钟书的父亲钱基博与杨绛的父亲杨荫杭又都是无锡本地的名士，都被前辈大教育家张謇誉为"江南才子"，都是无锡有名的书香世家，在相似环境下成长起来的两人一见如故，他们谈起家乡，谈起文学。更让两人觉得缘分天定、命运使然的是1919年，八岁的杨绛曾随父母到钱钟书家去过，虽然没有见到钱钟书，但百转千回现在却又这么巧合在清华相遇，这不能不令人相信缘分！

当然，最大的缘分还在于他们两人文学上的共同爱好和追求，性格上的互相吸引，心灵的默契交融，火花已在四目相对的瞬间燃起，这一切使他们一见钟情。钱钟书急切地澄清："外界传说我已经订婚，这不是事实，请你不要相信。"杨绛也趁机说明："坊间传闻追求我的男孩子有孔门弟子'七十二人'之多，也有人说费孝通是我的男朋友，这也不是事实。"

如此这般，钱钟书与杨绛很快成为古月堂前、夕阳西下时俪影双双的一对。母亲常取笑说："杨绛脚上拴着月下老人的红线呢，所以心心念念只想考清华。"不过清华也的确是属于杨绛的天地，她迅速适应了崭新的大学生活，并以出众的才华受到了老师的青睐。

杨绛亦喜欢写作，并具有很高的天赋。在清华，她选过朱自清的课，写过一篇名为《璐璐，不用愁》的小说，来叙述少女的爱情故事。这篇文章不仅得到了朱自清的赞赏，在《大公报》文艺副刊上得以发表，更获得林徽因的青睐，改为《璐璐》收入到《大公报文艺副刊小说选》中，年轻的她以杨季康的名字在文坛崭露头角。并且，年轻时的杨绛称得上是一位风华绝代的美女，加之钱钟书早已传扬开来的才子名气，正如旧时小说里天造地设的才子佳人。清华是专门为培养这两朵阆苑仙葩而生的肥沃土壤，不仅以宽厚广博的学术氛围为二人提供了学习的土壤，也为二人的爱情提供了避风的港湾。钱钟书陷入了深深的爱恋中，两人当年的浪漫爱情风味，我们从今日流传下来的几首情诗中可以略知一二：

良宵苦被睡相谩，猎猎风声测测寒。

如此良辰如此月，与谁指点与谁看。

更有趣的是，钱钟书曾将宣扬"存天理、灭人欲"的程朱理学家的语录放入自己的情诗之中，如"除蛇深草钩难着，御寇颓垣守不坚"。将自己刻骨的相思比作蛇入深草，蜿蜒动荡，他曾自负地说："用理学家语作情诗，自来无第二人！"钱杨两人的爱情经历，后来也成为钱钟书的著名小说《围城》中的经典桥段。小说中主人公暗自倾慕的小姐唐晓芙便活脱脱由杨绛化身而来，书中的她美丽脱俗，与其他角色不同，没有受到一丝半点的冷嘲热讽。

更巧的是，他与杨绛皆有做律师的父亲、大学读的都是"极平常的政治系"，其中对于方鸿渐与唐晓芙朦胧爱情的描写，也正是钱钟书的亲身经历，所以颇为传神。

方鸿渐"见了唐小姐七八次，写给她十几封信，唐小姐也回了五六封信。他第一次收到唐小姐的信，临睡时把信看一遍，搁在枕边，中夜一醒，就开电灯看信，看完关灯躺好，想想信里的话，忍不住又开电灯看一遍。以后他写的信渐渐变成一天天的随感杂记，随身带到银行里，碰见一桩趣事，想起一句话，他就拿笔在纸上跟唐小姐窃窃私语。有时无话可说，他还要写，例如：'今天到行起了许多信稿子，到这时候才透口气，伸个懒腰，a-a-a-ah！听得见我打哈欠的声音么？茶房来请吃中午饭了，再谈。'"

据有些研究"钱学"的学者推测，钱钟书在描写方鸿渐的心境的时候，就是在描写自己当年谈恋爱时候的心境哩！想必当初钱钟书刚陷入爱河，便是怀着如此烂漫热烈的感情，每天思念着杨绛，迫切地盼望她的来信。

关于杨绛与钱钟书的订婚说来是颇具趣味的，促成两人喜结连理的不是别人，正是钱钟书的父亲钱基博先生。陷入热恋的年轻人总是难舍难分的，雪花般的信件是钱钟书二人间最甜蜜的期盼。钱钟书跟杨绛的来信都不长，但语言精当，且来往频繁。关于两人的来信，双方的家人对二人的来往也十分有兴趣，连钱老先生看着这昔日熟悉的场景也为之沉醉不已，一日竟忍不住偷看了杨绛寄来的信件。这次"偷窥"的结果是让钱老先生惊讶而又欣慰的。惊讶于这封信不同于一般少女所说的蜜语甜言，而是展示出了杨绛即使陷入热恋也顾及家人与未来的知性一面。信中说道，你我二人两情相悦是极好的，但总要让我们的父母姐妹也为之欢喜才是最重要的事。儿子觉得如此知书达理的佳偶怎能让老父不倍感欣慰呢！钱父按捺不住内心的喜悦之情，亲自写了一封热情洋溢的信寄给杨绛，以表达对其品格的赞扬以及其作为未来家庭成员身份的认同。钱钟书父亲的祝福两人已经得到了，美好的新生活图景在两个年轻人眼前次第展开。杨绛胸有成竹地将钟书引荐给自己的父亲了。才华横溢的钟书自是深得杨父的赏识与器重的。两家父亲本都是名扬在外的"状元"，自有一种惺惺相惜之感，本也是门当户对；他更是有一种感觉，这个男人是值得女儿托付终身的。而杨绛的母亲对于两人的情缘更是津津乐道的，认为阿季百转千回已然到了清华，就是为着脚上有月下老人的红绳牵着呢！

钱钟书跟杨绛都是看过很多戏剧小说，感受过无比丰富的男女情感的人，而文学中的悲剧也给这两个从未谈过恋爱的文艺青年以莫名的担忧，可是令他们万万没有想到的是，双方的家里竟然如此赞成。这一机缘促进了二人由恋爱走向婚姻的进程，两人在不久之后订婚了。

　　情感的美满，使得钱钟书的内心世界更加稳定与从容。读者都感慨，钱老的作品与性格一样，犹如一潭深水，广博，厚重，不浮夸，不单薄。殊不知，除了深厚的专业功底，生活经历也是缔造者之一。

第 4 章

有没有这样一个世界

1

一只蝴蝶吻过心尖

两只斑斓的蝴蝶，在明媚的阳光下相遇了。他们吮吸着雨露的滋养，吸收着阳光的热量，在温暖的风中翩翩起舞。是的，杨绛和钱钟书一生中最美好的时光开始了，新的篇章是从订婚那日开始的。

两个人，一个忠厚文明，一个贤淑聪慧。所以他们的世界里几乎没有矛盾，没有争吵，以至于直到订婚之前，他们竟然没有吵过架；以至于订婚的种种好笑与尴尬，丝毫没有影响两个人的心情——

关于订婚，杨绛是感觉又无奈又好笑的。据她回忆道："我们那时候，结婚之前还多一道'订婚'礼。而默存和我的'订婚'，说来更是滑稽。明明是我们自己认识的，明明是我把默存介绍给我爸爸，爸爸很赏识他，不就是'肯定'了吗？可是我们还颠颠倒倒遵循'父母之命，媒妁之言'。"

当时两家都是恪守中国礼节的书香世家，无论对新思想多么提倡，在礼节方面还是希望按规矩来的，从杨绛的话中可以明显地感觉到她和钱钟书当时的无奈与好笑。其实钱钟书就此问题也向他的父亲钱基博征求过意见，按他的说法，直接结婚就得了，这么多俗套不好。可是钱基博十分严肃地批评了钱钟书，说这是规矩，无论如何是不能改的。钱钟书没有办法，只得照做。

钱基博专门找人给钱钟书做了一套新衣服，尤其是鞋子（钱钟书不喜欢区分左脚和右脚），他一直叮嘱钱钟书不要穿错了。钱钟书认真地听着，对于这么一件事，他还是有些担心的，这完全不像在课堂上背诵什么诗词，或者没事的时候给人写写字写写文章，这是从没经历过的事。可无论如何，他还是忍着自己的惶恐，跟着钱基博去了杨绛家，因为第一步照例是求亲的。

钱基博当时是兴高采烈的，任何一个从封建传统走来的家长在这种情况下都会兴高采烈，自己的儿子订亲，就代表着一个家族血脉的源源流淌。杨荫杭对钱基博的才华十分钦佩，他盛情接待了钱钟书和钱基博，请了二人坐，然后观察钱钟书。钱钟书对这个陌生的丈母爷笑也不是，绷着脸也不是，只得低下头看自己的鞋子，他还在想自己的左右两边区分好了没哩！钱基博和杨荫杭如同亲兄弟一般，一见如故，聊得非常高兴。就这样钱基博甚至几乎连求亲的话都没说，两家就订下了。而且出乎别人意料的是，钱基博与杨荫杭长谈起来竟然没完没了，从中国古典文学到当今的文学流变，从国际局势到中国的时政……

只剩下钱钟书可怜巴巴地瞧瞧自己的鞋，又看看两位长者谈话……

过了大约一个多时辰，两位终于想起来"正事"了。钱基博按照计划，将朋友请来，和杨荫杭的朋友们一起做订亲的证明人，也就是传统的媒人，这可能是当时两家打破传统的地方了吧。

两家在苏州的一家饭馆请客人们吃饭，至亲好友们都来了，男女分席，热热闹闹。可是钱钟书和杨绛却对这个订婚没有什么感觉，他们一是害羞，二是从没经历过，只顾着去敬亲朋好友们酒。

杨绛在回忆中开玩笑似的说道："我茫然不记得'婚'是怎么'订'的。"

作为一个新的进步女青年，杨绛对于旧社会这种"父母之命、媒妁之言"的订婚方式颇有微词也是人之常情，但念及她尚未从清华毕业，订婚这一举措也算得上是个不错的办法。

订婚后，杨绛仍在清华继续自己的学业，钱钟书则仍在南方任教，但出国留学的梦想仍在钱钟书心中不曾散去。终于，在 1935 年春，钱钟书参加了教育部公费留学资格考试。当时国民党教育部将英国退还的庚款用做国内青年去英国留学的奖学金，但这种公开招考的录取名额极为有限，英国文学就只有一个名额。虽然机会难得，但广大学习外国文学的学子无不雀跃不已，纷纷摩拳擦掌打算为自己赢得这个极其宝贵的机会。但他们在得知钱钟书报考后则纷纷放弃，连日后的大剧作家曹禺也认定这一名额非钱钟书莫属，因而放弃了报名参加。果不出所料，钱钟书以绝对优势名列榜首，平均分高达 87.95 分，顺利地拿到了这个名额。

消息传来，杨绛极为高兴。钱钟书告诉杨绛准备结婚，二人连袂出洋。有哪一个念西方文学的人不向往英国呢？这不仅对于钱钟书而言是极好的，得到这个消息后，杨绛的心也快活得要飞起来了。钱钟书打算两人尽快结婚，联袂出洋。这个消息简直是太振奋人心了，对于杨绛而言，一个女人只要能陪在心爱的人身边就是幸福的，而她不仅可以与心爱的人在一起，还将踏上英国那块她心目中向往已久的土地，学习自己钟爱的文学，何其有幸！她甚至闭上眼就能看到伦敦教堂上的尖顶，仿佛睫毛一动，便能拨开泰晤士河上层层的迷雾，如绿毯般茵茵的草地，美丽的少女与忧郁的骑士时时萦绕在她的脑海。已是向往了太久的心怎经得起这哪怕一秒都如煎熬的等待呢，与心爱的人远赴圣洁的文学殿堂去进修的愿望是如此迫切，她连毕业都等不及了。她同教师商量，用论文形式代替考试，提前一个月毕业了，能和志同道合的心爱男子去梦想之地游学，这当是年少时最叫人愉悦的事了。她对离开清华回苏州的情形有一段很生动的描写："我立即收拾行李动身，不及写信通知家里。我带回的箱子铺盖都得接票，火车到苏州市略过午时，但还要等货车卸下行李，领取后才雇车回去，到家已是三点左右。我把行李撇在门口，如飞的冲进父亲屋里。父亲像在等待。他'哦！'了一声，一掀帐子下床说'可不是来了！'他说，午睡刚合眼，忽觉得我回家了。听听却没有声息，以为在母亲房里，跑去一看，竟无一人，想是怕搅扰他睡午觉，躲到母亲做活的房间里去了，跑到那里，只见我母亲一人在做活。父亲说：'杨绛呢！'母亲说：'哪来杨绛？'父亲说：'她不是回来了吗？'母亲说：'这会子怎会回来。'父亲又回去午睡，左睡右睡睡不着。父亲得意说：'真有心血来潮这回事。'我笑说，一下火车，心已经飞回家来了。父亲说：'曾母啮齿，曾子心痛，我现在相信了。'父亲说这是第六觉，有科学根据。"

7月中，他们正式完婚。婚礼仪式一共两场，杨绛娘家的那场采用西式，新娘披长纱，有为新娘提花篮的花女及提拖地长纱的花童，有伴娘伴郎，还有乐队奏曲。新郎新娘鞠躬为礼，戴戒指，并在结婚证书上用印。而迎娶至无锡后，钱钟书家的那场，拜天地，敬高堂，入洞房，一切礼俗和仪式都按照中国传统的来。

在神圣的天与地之下，在父母亲人的祝福中，一对璧人开始了伉俪人生。他们都不是浪漫矫情的少男少女，没有煽情感怀那日的与众不同，没有觉得那日太阳星星都格外明亮。可是，在接下来的人生路上，无论贫穷富贵，顺途苦难，健康疾病，他们都毫不动摇地相依相伴着。

2

让我如何，不起波纹

古往今来，凡人描述起婚礼，皆是唯美向往的口吻。才子笔下，自然更多了几分浪漫优美。钱钟书却非如此。

与两人平实的相伴相比，钱钟书对婚礼仪式冗长烦琐的礼节并无好感。他们的婚期正当酷暑，正如钱钟书《围城》中描述的诗人曹元朗与苏文纨的结婚场面。

在书中，方鸿渐说："这准是曹元朗想出来的花样。"因为结婚的日子是曹元朗挑选的，挑在星期三，而这天是一年中最热的一天。然后辛楣笑道："总而言之，你们这些欧洲留学生最讨厌，花样名目最多。偏偏结婚的那个星期三，天气是秋老虎，热的厉害，我在路上就想，天之幸，今天不是我做新郎。礼堂里虽然有冷气，曹元朗穿了黑呢礼服，忙得满头是汗，我看他带的白硬领圈，给汗沁的又黄又软。我只怕他整个胖身体全化在汗里，像洋蜡烛化成一摊油，苏小姐也紧张难看。行婚礼的时候，新郎新娘脸上哭不出笑不出的表情，全不像在干喜事，倒像——不，不像上断头台，是了，是了，像公共场所'谨防扒手'牌子下面那些罪犯的相片里的表情。我忽然想，就是我自己结婚行礼，在万目睽睽之下，也免不了像个被破获的扒手。因为我恍然大悟，那种眉开眼笑的美满结婚照相，全不是当时照的。"

在写到回忆钱钟书的文章中，杨绛从来都带有一种轻松的口气。这一点像极了幽默的钱钟书，他们对生活的态度，总是乐观的，而他们也相信这种乐观带给了他们好的运气。比如在五七干校劳动的时候，二人还经常有见面的机会，而待的时间越长，二人的宿舍就越近，最后竟然只相距五分钟的路程。

话说回来，《围城》里的这一段话，其实就是钱钟书根据自己的结婚典礼写的，杨绛回忆起在钱钟书老家的旧式婚礼时笑道："不知磕了多少头。"虽然婚礼在忙乱和喧哗中度过，但两人终成眷属。席间偶尔相顾一笑，纵然天气炎热，彼此的眼神却格外清明，纵然浑身上下都是汗水，但两个人的心中却充满了甜蜜。一个是才子，一个是佳人，世界上令人羡慕的结合就是如此了吧。

钱钟书的心性是醇厚的，就像一杯浓浓的红茶；杨绛的心性是善良而温和的，就像一缕温暖的阳光。两个的兴趣又全部集中在文学方面，这无疑是上帝的安排。

杨绛曾经笑称，自己和钱钟书的姻缘是上帝的安排。这个柔雅的女子，从始至终都自认为是幸运的。在家世上，她父亲博学多识，在成长的道路上，她没有遇见多大的困难，凭借着深厚的家学功底和自己的勤奋用功，她的成绩一直名列前茅，最后成为清华大学的研究生。

关于杨绛的父亲，还有一段很传奇而有趣的故事。话说清末状元，同时是当时最大的企业家张謇认识杨绛的父亲杨荫杭，而且在一次写信中，曾称她的父亲杨荫杭为"江南才子"。被状元郎这么夸奖，自然是一件值得全家高兴的事情。杨绛把这事情给钱钟书说了，不想钱钟书听完之后哈哈大笑，也把张謇写给他父亲的信拿给她看，原来在信中，张謇也称钱基博为"江南才子"，她哑然失笑。"江南才子"是否张謇敷衍送人的，不得而知，但她自认与这赞誉却是缘分非浅，她从一个"才子"家到又一个"才子"家，而且，不管怎样，她嫁的男人，也一样担当得起这四个字。自此，夫妻携手，共同奔赴英国牛津大学开始全新的生活。

绿草萋萋，空气清凉。牧羊犬飞奔着接住主人掷出的飞盘，欢乐跳动的阳光，按摩着酸涩的眼睛。一杯新鲜的牛奶，一块刚出炉的土司，两个人，一本诗集，一把大榕树下的椅子，这是最初的期待，也是最美的回忆。

1935年8月13日，一艘驶向英国的航船吻别了上海码头，穿过红海，经过苏伊士，再经由地中海，终于到达了彼岸。码头上每天上演离别，但也昭示开始。拖着行李箱的人群中，挤着一对新婚燕尔的夫妇，虽然他们在船上不同舱，但人们早已从热烈的空气电波中感知到了二人的亲密关系。更所幸的是与李四光先生异乡相见，分外温暖。黄昏时三人共进晚餐，在席间，李先生也开玩笑地对杨绛说道："钱夫人了。"

需要提到的是，杨绛和钱钟书的婚礼尽管是以这种紧张甚至有些茫然的情境开始的，但是两人相濡以沫，这样的开始并没有给结婚后的生活带来任何的不良影响。钱钟书晚年定稿出版的诗集《槐聚诗存》，最后压卷之作为杨绛代拟的《无题七首》，诗前有其模仿钱钟书古雅文言文风格撰写的"缘起"，可见作家夫妻俩情投意合，夫唱妇随。钱钟书先生是幸运的，不仅因他才高八斗、学富五车，他与杨绛是少有的文坛佳偶，更是撰写了一段羡煞旁人的佳话。

3

脚在异乡路上

陌生的土地上，遇见熟悉的面孔，两人方觉得双脚站在了地上，可以仰望满天繁星，并在其中拼凑出了龙门的形状。

抵英后，钱钟书照事先安排进了牛津大学。牛津大学不同于其他的大学，城市与大学融为一体，街道就从校园穿过。大学不仅没有校门和围墙，而且连正式招牌也没有。楼房的尖塔在烟雨蒙蒙中若隐若现，高高的石墙上爬满老藤，稀疏的绿叶中绽放着红红的花朵，小城显得古朴素雅。牛津城的建筑古色古香，分属于不同历史年代的不同建筑流派。在牛津街道上散步，不就像回到了历史之中吗？这风情万种的建筑，这云飞浪卷的校园，这几百年积淀的斑斓文化。英国人把牛津大学当作一种传统、一种象征、一种怀恋和一种追寻。能作为这百年名校的一员，年轻的钱氏夫妇无疑是十分幸运的。这种幸运更可以说是一种缘分，说起与牛津大学的渊源，钱钟书尚在清华求学时，教英文的叶公超便曾在课堂上对这位爱徒说："你不该进清华，而应该去牛津。"没想到一语成谶。

假如不以传奇的笔触描写牛津，便可说：这是一座中世纪建立的城市，当初一帮被巴黎大学驱逐的英国人选择在这里自立门户，继续研习传教授业解惑，并把它发展成为世界首屈一指的大学。

可太多的轶事，让这所学校已然成为传奇。它的每一个学院都有独特的名字，除了精致的教学建筑之外，还拥有自己的哥特式教堂、花园、草地、健身房以及超大足球场。

比这些更牛的，还有牛津的人。一本英国名人录，几乎就是牛津和剑桥两所学校的天下。光说出身于牛津的首相，就是其他大学所望尘莫及的。

因为声誉之隆，牛津挑选学生标准十分严格。事实上，除了英国人外，外国学生亦无不以进牛津为荣。牛津有很少部分名额保留海外的精英，钱钟书念的是 Exeter College，如果论历史悠久，它在牛津的三十多个学院里，是第五位。

钱钟书与杨绛最初先爱上了牛津这个浪漫古典的小城，他们喜欢沿着石块砌成的房子行走，手指滑过层层叠叠烟灰色的板岩，再滑过围墙上的绿色青苔，或是停下来，观赏白色窗台上的美丽花篮。他们被这些特别而可爱的景致吸引着，脚步很快适应了这里的小路。作为屹立在世界学术巅峰的名校，牛津的庄重和雄浑，它高山仰止的气魄，让钱钟书夫妇也很快为之折服。

导师制是牛津的一大特色。新生一旦入学报到，学院就给他指定一位导师。本科生导师称"Tutor"，研究生导师称"Supervisor"。导师是学生所选科目的学者，他负责指导学生的品行，并协助安排学生的学习计划，指导学生如何取得进步。对于学生而言，上课不是最重要的，他们可以去任何一个学院听他们感兴趣的任何课程，也可以几乎不在学校上课，但是每周必须到导师那里去至少谈话一次。导师负责指定学生阅读的书目，学生按时去见导师时，要把心得报告读给导师听，导师作一些评论，两人进行讨论。可见，在牛津导师不仅起到授业解惑的作用，而且在品行、心理等方面也对学生加以指导。因此，导师能够成为学生的良师益友，许多学生在毕业后还与导师和同学保持着十分密切的联系。

钱钟书的导师名 Brett Smith，两人约定，每周见面两次，进行谈话或者授课。有时，钱钟书也去上别的课，但这些课比较自由。第一年的课程几乎都是预备性质，有的课不必考试，有些课则比较严格一定要成绩及格，才能写论文，取得学位。

心未老的勇士活在最好的时光里，置身于与自己国度完全不同的学术氛围中，青年钱钟书如同渴望遨游的鱼，找到了大海，而牛津丰富的藏书量更是在这对年轻的夫妇面前开启了一片广阔的天地。

牛津大学总图书馆名 Bodleian Library，钱先生译为"饱蠹楼"，藏书五百万册，手稿六万卷。两人在这里埋头用功，确有点像书虫那样饱蠹。作为旁听生的杨绛拥有大量的时间可以阅读自己感兴趣的书，虽然牛津大学图书馆的图书向例不外借，但是临窗有一行单人书桌，杨绛就自己占据了一张桌子，从架上取书来读。读不完的书留在桌上，下次来接着读。在图书馆读书的学生不多，环境非常清静，杨绛的心态也平和宁静。她给自己订了一个课程表，将一个一个经典作家按照文学史往下读。她不仅一部一部从头到尾地细读代表作，同时也读有关的评论来丰富自己的理解。这让钱钟书羡慕不已，自然也不甘落后。除了听课之外，钱钟书差不多把业余时间全部泡在读书上面。他借来一大堆书，涉猎包括文学、哲学、心理学、历史等各种图书，一本接一本地阅读，并做了详细的笔记。无疑，这对于他的治学生涯来说，是值得珍藏一生的经历。

不过，这位智慧超群的才子，也并非门门功课都优秀，比如一门古文字学，就让他伤透了脑筋。

杨绛回忆所及，她只见钱钟书有一次苦学，"那是在牛津，论文预试得考'版本和校勘'那一门课，要能辨别 15 世纪以来的手稿。他毫无兴趣，因此每天读一本侦探小说'休养脑筋'，'休养'得睡梦中手舞脚踢，不知是捉拿凶手，还是自己做了凶手和警察打架。结果考试不及格，只好暑假后补考"。这着实是很让人头疼的。钱钟书实在不理解为什么要从古代的书写方法来鉴定作者手稿书写的年代，如果是印刷术发明之前，这种方法还有些实用性，如今却没有任何现实价值，但尽管兴趣缺缺，还得硬着头皮去做。

对此，英国人也有自己的看法，他们认为这是训练一个学者治学严谨与能耐的好办法。对于钱钟书来说，本想让他辨认出两行文字便可，但必须没有谬误。却不想这位中国才子一口气整理了整部书稿，自然做得多，错得多，没能达到考试成绩的要求。

岁月的修辞，铺满了历史。后来有传言称，钱钟书当年是因为嗜读侦探小说而挂了学业，言辞中的幼稚看法令当事人嗤之以鼻。生活不是一道证明题，但总有人循着原始的规律，编造一些无营养的假设和结论。也许大家更该庆幸，钱氏还有这一门秘方修养头脑，不然以此门课程之枯燥烦琐，才子脑中的思想早被束缚、僵化掉了。无论怎样，经过补考后，钱钟书的古文字学终于合格了。他感到终于偿还了心上的债务，开始准备毕业论文。

每一片天空都蕴藏着秘密，也暗藏着挑战。在牛津，做论文并非易事。须是前人没有研究过的题材，又要在十分有限的材料中发现新问题，很多时候都是逼着学生们自己去发掘真相，独立思考。这种训练是很严格的，当然，有机会接受这种训练也算是钱钟书的荣幸。

　　纯真的热爱可以缩成一粒种子，钱钟书深扎进泥土里，练就了最纯粹的学者魂。他最初拟定的论文题目十分精彩，叫作《中国对英国文学的影响》，可惜没有得到导师的允许。这只能说，当时的英国还存在所谓大国的愚昧架子，如果这个题目真的做出来，会是比较文化史上的一个飞跃。无奈之下，钱钟书改做《17 世纪及 18 世纪英国文学中的中国》，钱先生的学位论文写成后，几经修改，获得通过，打字装订成册，收藏于牛津大学图书馆，编号为 MsB.litt.d288。抗战期间，钱先生任教昆明西南联大时，曾将论文打印稿交给同在昆明的大后方大学图书馆总负责人、《中国图书季刊》主编袁同礼一阅，后分三期发表在 1940 年、1941 年出版的《中国图书季刊》上。在中外皆引起不俗的反响。据说英国女王于 1986 年 10 月访华前，还曾调阅此件。

　　牛津的岁月里，钱钟书感到大学和这个城市紧紧地融为了一体，他终于真正地摸到了西方文明的脉搏，打开了更多的细胞来接收新鲜观念的洗礼。在这个异次元故乡中，在那庄重的、金碧辉煌的建筑和梦幻的尖顶上，他的梦想缓缓升起。

4

生活的滋味

人太世俗，就难以成为品性高洁的艺术创作者。因为这个原因，所以古今中外的历史中，文艺领域的大人物多半拥有"生疏"或者"笨拙"的生活特征。

钱钟书作为才子在学问上是如鱼得水的，但在生活中却难免有点"迂"。据杨绛忆述："他初到牛津，就吻了牛津的地，磕掉大半个门牙。他是一人出门的，下公共汽车未及站稳，车就开了。他脸朝地摔一大跤。那时我们在老金家做房客。同寓除了我们夫妇，还有住单身房的两位房客，一姓林，一姓曾，都是到牛津访问的医学专家。钟书摔了跤，自己又走回来，用大手绢捂着嘴。

手绢上全是鲜血，抖开手绢，落下半枚断牙，满口鲜血。我急得不知怎样能把断牙续上。幸同寓都是医生，赶快找牙医，拔去断牙，然后再镶假牙。"

这次"亲吻英国大地"只是二人国外生活开始的一个小插曲，柴米油盐的日子自然是欢笑不断、尝试不断。

初到牛津，老金家为这对年轻的夫妇提供了食宿。少了许多家务，生活自然是比较轻松自在的。可时间一长，钟书比较保守的饮食习惯就越发暴露出弊端来。英国的奶酪、牛排、浓汤，不合他的胃口和心，如他在诗中所叹"嗜膻喜淡颉羹浑，夷味何能辨素荤"。加之老金家的伙食日渐糟糕，不忍钟书日渐消瘦下来的杨绛忧心不已。自己节约下食物留给钟书的确是下策，所以"自立门户"对于杨绛而言就成了当务之急了。

杨绛开始并不与钟书商量，只悄悄寻觅报纸广告，自己跑去找房。机缘巧合，一次散步"探险"到牛津大学公园对街高级住宅区，偶见一座三层洋楼贴有招租启事。虽然再去看时告示不见了，但杨绛不甘心，仍然独自一人闯上门去碰碰运气。这真是难得的运气，房主达蕾女士展示给她二楼的出租房：一间卧室，一间起居室，两间屋子前面有一个大阳台，是汽车房的房顶，下临大片草坪和花园。浴室、厕所专用。更难得的是有自己独立的厨房，虽然只能使用很小的电灶，但对于杨绛而言，已经可以说是称心如意。钟书来看房后心仪于这里的地段，去学校和图书馆可以说是非常地便利。并且环境幽雅，门对修道院。钟书看了房子也很喜欢，于是，这里就成了二人的新居。

在达蕾女士租给的家具用具中，包括炊具、餐具，两人很快学会使用电灶、电壶。日常需要的食品，两人又多半在上图书馆或傍晚散步时路过商店订购，店里按时送货很是方便。二人的家庭生活才算是真正就此展开。

自己有了厨房，他们玩儿着学做饭、炒菜，试做红烧肉。曾经十指不沾阳春水的杨绛为了爱人洗手作羹汤，虽是个手艺尚不精明的美厨娘，但凭着向俞家姐妹学习，又回忆母亲做菜的方式，终于成功做出了红烧肉。杨绛以为，自己"搬家是冒险，自理伙食也是冒险，吃上红烧肉就是冒险成功。从此一法通万法通，鸡肉、猪肉、羊肉，用'文火'炖，不用红烧，白煮的一样好吃"。自此，杨绛"卷袖围裙为口忙，朝朝洗手作羹汤"。她把做午饭作为她的专职，而一向早睡早起的钟书则包揽了早餐。住入新居的第一天早晨，从同学那里刚学会冲茶的钟书大显身手，他烤了面包，热了牛奶，煮了"五分钟鸡蛋"，刚冲好的红茶又浓又香，配着装满了小碟小罐的黄油、果酱、蜂蜜，一股脑儿用带脚的托盘直端到杨绛床头。"拙手笨脚"的钟书竟能做出如此丰富的早餐，杨绛着实惊喜不已。钟书也乐得得到爱妻的表扬，从此两人的早餐便由钟书负责制作，这个传统以后竟持续到老。

二人恢复了习惯的中式饮食，吃的饱了，自然就希望有更丰富的业余生活。杨绛是爱音乐的，但在外国却不可得，只得求了父亲寄来一本《元曲选》，自己唱唱过瘾。而平时专于学习读书的钱钟书也是个淘气的，很能学，犹善插科打诨，一面读一面自己表演，两人笑得打跌。钱钟书诗中有"欲调无筝，欲抚无琴"、"咏歌不足，丝竹胜肉"，大概说的就是这时的生活吧！

当然，快活的天地也是常有意外发生的，小到杨绛出门忘带钥匙，被锁在门外，为了省下开锁的钱而爬窗进屋，大到两人在少用的起居室喝下午茶，钟书走后杨绛忽感不适，心知是煤气中毒的症状，挣扎着起来推窗自救……对于缺少独自生活经验的年轻的夫妇，远赴重洋的生活是不易的。既要有学识涵养，又要有勇气和能力，杨绛做到了。对于钟书，杨绛是朋友，是妻子，也是情人。而在牛津，杨绛又被赋予了生命中另一个尤为重要的角色：母亲。

据钱钟书回忆，得知杨绛怀孕是在游玩巴黎后返回牛津的路上。虽然路途颠簸，杨绛又时有孕中恶心呕吐的反应，但这一路得到了同行加拿大朋友的照料，加之得知即将为人母的喜悦心情，旅途还是十分愉快的。

年轻的夫妇对于这个还未出世的孩子极其地爱怜，钟书又担心杨绛辛苦，所以早早地就到牛津妇产医院订下了房间和接生大夫。院长推荐了最好的女医生斯班斯大夫，更巧的是她与杨绛同住一区，诊所就设在家里，而房子外面的花园也极美。杨绛定期去检查，开始每月一次，后来两周一次，步行来去，不过十来分钟，既方便，又让这位年轻的母亲在美丽的景色中逐渐放下心来。斯班斯大夫预计婴儿将在国王加冕大典那天诞生，夫妻俩很欢喜即将有一个加冕日娃娃。

可是预产期过了快一周，还是没什么动静。住院观察了几天，终于有了分娩的迹象。许是小家伙还是留恋温暖宁静的子宫，所以带给杨绛的阵痛并不强烈，是舒缓的。这位年轻的准妈妈甚至躺在产床上看完了一本小说。到了第二天，大家终于等不及了，医生不得已对杨绛实施了麻醉，用产钳将婴儿夹了出来。因为缺氧，婴儿已憋得浑身青紫，是护士使劲拍拍拍，才把她拍活的。

这个婴儿受到了大家极大的喜爱。医生护士们戏称，可能斯班斯大夫的产钳夹红了她的脸，她感到委屈，就特别响亮地哭起来。护士们因她啼声洪亮，称她 MissSingHigh；杨绛后来为女儿译意为"高歌小姐"，译音为"星海小姐"。

初为人母的杨绛是满足而又喜悦的，相比之下，初为人父的钱钟书多了几分忙碌。奔波于医院与学校、家庭之间，既有得了爱女的喜悦，又对妻子怜惜不已。彼时杨绛因为麻药和生产后的极度疲倦而昏睡着，钟书六次探望都不得与之一言。终于，第七次杨绛清醒。护士特为钟书把娃娃从婴儿室抱出来让一家人小小地团圆一下，钟书看了又看，高兴地说："这是我的女儿，我喜欢的。"杨绛记住了钟书的"欢迎辞"，女儿长大后，杨绛把爸爸的"欢迎辞"告诉女儿，她很感激。

"星海小姐"最终得名钱瑗，小名唤做"阿圆"。阿圆刚出生的时候，钱钟书在家和医院两头跑。虽已为人父，他仍难改老闯祸的毛病。他陆续打翻了墨水瓶，弄脏了房东家的桌布，弄坏了门轴，砸碎了台灯，她每次都笑咪咪地说："不要紧，我会洗，我会修。"不过，她出院回家的时候，他却为她炖了鸡汤，还剥了嫩蚕豆搁在汤里，他做得很好，而她也真的把他做的"坏事"都修好了。就这样，两个人终于完成了由青年到成年的蜕变，这个幸福的三口之家在未来多年将共同经历风雨，一同携手，不离不弃地走下去。

第 5 章

阳光下，
梦想跳着华尔兹

1

墨海乘舟

深厚的文学修养靠不得一时的小聪明。从今日回溯，我们惊诧于民国才子们广博的知识摄取量。可那是因为成千上万个伏案的日日夜夜，穿梭于图书馆的岁岁年年，才铸就他们眉宇之间的气质。

钱氏夫妇在英国度过的两年在大环境上可谓是惊心动魄的，英国内部权力交替，国际上法西斯势力抬头。可以说钱钟书在牛津看到了英国历史的缔造，或者说他是一个 more direct witness to history 的人。也可以说这开拓了他们的视野，为两人日后留学巴黎埋下了伏笔。

早在牛津留学时，两人即通过杨绛的同学与巴黎大学取得了联系，办妥了留学的相关事宜。只需两张船票，这一家三口便可去巴黎学习杨绛感兴趣的法国文学。恰逢国际局势动荡，二人随时都有被断绝公款资助、流落异邦的危险，加之学业压力较大，所以两人权衡过后决定只注册选课而非考取学位。不能获得巴黎大学的学位对于钱钟书而言无疑是十分遗憾的，但退一步说，在种种外力的干扰下，这可以说是最好的选择。

巴黎大学（Université de Paris）是欧洲最古老的大学之一，前身是建于 1257 年的索邦大学（Collège de Sorbonne）。在 1968 年法国学生运动发动之后，巴黎大学被拆分成 13 座独立的大学。巴黎大学的前身是索邦神学院，1261 年正式使用"巴黎大学"一词。在 13 世纪时，巴黎大学的学生已经上万，许多来自欧洲的邻国。在很长时间里，巴黎大学同教皇和国王都有特殊关系。17 世纪，宰相黎世留出任巴黎大学的校长，使巴黎大学有了飞速的发展，奠定了它的国际威望。受拿破仑教育改革影响，巴黎大学于 1793 年被撤销，直至 1896 年才获得重建。

得益于文艺复兴时期人文主义教育家们对于学校环境的建设，巴黎大学的环境是充满浓郁的法式浪漫、优雅的情调的。古老的建筑、挺拔苍翠的树木和如绿色毛毯般的草地，无不让年轻的夫妇感觉身处童话般的世界；名言雕刻、反映学校历史的壁画以及自由的学术氛围更是让二人感到心旷神怡。拉丁区里林立的书店、各式各样的咖啡馆和旅馆也给二人留下了深刻的印象。慵懒、自由、充满艺术气息是巴黎的标志，这些特点在巴黎大学得到了极好的体现。仅巴黎大学西门一侧一百多米长的街道上，大小书店就不下十家之多。长期以来，学界人士和青年学生不满足于课堂上的知识传授，而是热衷于课堂外的自由讨论，咖啡馆便为他们提供了适宜的场所。至于旅馆多，那是因为从法国和世界各地到这里求学的人络绎不绝，各种档次的旅馆和学生公寓便应运而生，生意兴隆。

巴黎大学与牛津是有很大的不同的。首先从吃饭上就能体现出来。牛津有一项必须遵守的规矩，即学生每周得在所属学院的食堂里吃四五次晚饭以证明这学生住校，而巴黎各大学大部分都没有宿舍和食堂，学生们自己在外面找房子住，吃饭也在外面。好在凭着学生证，可以在巴黎的几十家学生餐厅吃上经济实惠的午餐。自由、独立、不受羁绊，一向是法国人最标榜的，这种精神也反映在学风上。巴黎大学没有新生训练、毕业典礼，没有上、下课铃，没有训导制度，甚至也没有所谓向心力、认同感。过了上课时间十分钟还不见老师，学生们就自动退席。而老师讲得兴起，超过时间，学生也可以鼓噪。迟到、早退、旁听……一切悉听尊便。学生们或是在咖啡馆讨论问题，或是去书店、图书馆读书深思，或是去索邦附近的卢森堡公园——从春天到夏天到秋天，公园中的铁椅子上总是有大学生坐着。

钱钟书一家所住的公寓位于郊区，但是离巴黎也只有五分钟的车程，因便宜的价格和便利的交通受到许多男女学生的青睐。公寓的主人迦淑夫人（Madame Caseau）更是好客慷慨，由她负责的伙食菜式丰富而便宜，每顿饭菜一道一道地上来，非常地法国式。可惜这样的法式优雅情调钱钟书夫妇是享受不来的，花两个小时来吃一顿饭对于他们而言实在是奢侈。看看嗷嗷待哺的阿圆和自己列出的长长的书单，夫妻二人更愿意多些时间照顾孩子、努力读书。所以，不久后二人退出了伙食，恢复了在牛津时自己做饭的生活，一下子又将大量的时间节约下来了。

对于钱钟书而言，在巴黎的一年就是读书的一年。除了选修一些有意思的课，就是扎扎实实地进行大量的阅读。从 15 世纪读到近代，文化史上有名的或无名的他都一家一家地读来。在图书管理员看来他是贪婪的，每次借走的书那么多，可以不消几天又会来拿走新的一摞。在看书方面钱钟书可以说是独具天赋的，他看书极快，称得上具有一目十行、过目不忘的能力。只有如此惊人的吸收和消化能力才配得上他安排的紧锣密鼓的读书计划。既有完整的读书方案，又能按自己的意愿恣意浏览。钱钟书的思路犹如一条贯穿法国文学史的帷幕，缓缓地张开，他感兴趣的内容在他的脑海纷纷登台。他将内心打造成一个异彩纷呈的文字王国，即仰山铸铜，煮海为盐，不以为过。中文、英文，隔日读法语、德文、意大利文，世界的每一个角落都通过文字在他的眼底浓缩。

除此之外，钱钟书还努力提高自己的法语口语。虽然流利的阅读对于钱钟书来说是得心应手的，但若无缘学会那柔滑、利索的法语腔调，无疑是十分遗憾的。钟书深知高手在民间，若想真的吃透法国文化，理解法兰西民族的心理、语言，最好的法就是融入他们的日常生活。正如现代人从"京白"中体会老北京一样，从不问柴米的钱钟书提着菜篮子赶集去了。虽然所聊的谈话仅限于买肉、买菜，但钱钟书也从一个学者的角度欣赏它语义之外的深远韵味。不久钱钟书的法语果然大有长进，按照巴黎人的标准：说那法语里能闻到'大菜市场'（les halle）的菜帮子味道。

可以说，钱钟书在巴黎的生活是他这一生中难得的惬意时光。除了得以饱读图书，也有知心的朋友能够围绕在身旁，如向达、王辛笛、盛澄华、罗大冈等人。但他的心是更偏向安静的，故不太热衷于人情来往，读书的时间倒是更多。除了读书，便是在郊区散步，看看风景，换换心情。其时他到底在想什么，我们已经是不得而知了。但是通过他留下的诗，对于其情其景，或许可以窥见一斑：

万点灯光夺月光，一弓云畔挂昏黄。

不消露洗风磨皎,免我低头念故乡。

电光撩眼烂生寒,撒米攒星有是观。

但得灯浓任月淡,中天尽好付谁看。

虽然在巴黎停留的时间很是短暂,但是对钱钟书的影响是巨大的。他曾说过巴黎大而世界小这句话,在巴黎的生活经历和新鲜文化的接触,可以说为他日后创作《围城》打下了坚实的基础。

就像所有故事中说的,好景往往不长。战争的风云终于从亚洲席卷向了欧洲,钱钟书夫妇每日忧心不已,在惊闻杨绛的母亲于逃难的途中不幸逝世的消息后,初为人母的杨绛更是悲痛欲绝,归心似箭。而德国法西斯的魔爪也最终伸向了法国,多年的宿怨使得两国之间的战事一触即发。浪漫的巴黎已经放不下一张小小的平静的书桌。从法国回国的船票已经非常难买,几经辗转,最终拿到船票的二人仿佛重新看到了生活的希望。

与其客死他乡,不如拼尽一口气回到生养自己的土地上。1938年 8 月,钱钟书、杨绛和他们的宝贝女儿阿圆离开了他们喜爱的巴黎,乘法国邮船阿多士Ⅱ(Athos Ⅱ),坐着三等舱,回到中国。

异国生活的经验,让他们开阔了视野,丰富了许多见闻。但脚步踏上故土的一刻,心才和土地打通了脉络。一方土地养一方人,离开过的人们,更加懂得这种眷恋与深爱。

2

可以仰望的角落

乱世之中，心是漂泊的。如能退守一方净土，有一个安静的小世界，是多么奢侈的愿望。

初回国时，国内的状况已经是很不乐观了。战火遍地、哀鸿四野，各地大学和学生纷纷向较为安全的大后方撤去。所幸，学成归来的钱钟书早已是名声在外，不少大学想聘他。最后，还是他的母校清华大学占了上风，当时竭力促成钱钟书回清华任教的是西南联大文学院院长冯友兰。请钱钟书来西南联大教书的除了冯友兰，还有钱钟书的老师吴宓。钱钟书 1938 年回国前给文学院院长冯友兰先生写了一封求职信，冯接到信后向梅贻琦校长力荐钱钟书，请求破格录为正教授，冯友兰给梅贻琦的信中说：

月涵先生：

　　钱钟书来以航空信，言可到清华，但因其于九月半方能离法，又须先到上海，故要求准其于年底到校。经与公超、福田商酌，请其于 11 月底或下学年第二学期来。弟意嘱其开在国外学历，此航空信说已有一信来，但尚未接到。弟意或可即将聘书寄去，因现别处约有钱者有外交部中山文化教育馆之《天下》月刊及上海西童公学，我方须将待遇条件先确定与说。弟意名义可与教授，月薪三百，不知近聘王竹溪、华罗庚条件如何？钱之待遇不减于此二人方好。如承裁可，望将聘书及附去弟与前函一并航空寄去。

　　就这样，年仅二十八岁的才子在西南联大谋得了立足之地。国立西南联合大学是中国抗日战争期间设于昆明的一所综合性大学。卢沟桥事变后，日本帝国主义全面发动侵华战争。为保存中华民族教育精华免遭毁灭，华北及沿海许多大城市的高等学校纷纷内迁。1937 年抗日战争发生，北京大学、清华大学、南开大学先迁至湖南长沙，组成长沙临时大学，同年 10 月 25 日开学。1938 年 4 月又西迁昆明，改称国立西南联合大学。组成联大以后，荟集了一批著名专家、学者、教授，师资充实，人才济济。

破格成为教授的钱钟书在大批学者中毫不逊色。钱钟书为联大外文系学生开了三门课：大一英文（六个学分）、文艺复兴时期的文学（四个学分）、现代小说（二个学分）。在许渊冲的印象中，"钱钟书先生读中文书、外文书数量之多，冠绝一时"。许渊冲听过钱钟书的大一英文课，他记录了钱钟书上课时的情形："钱先生只说英文，不说中文；只讲书，不提问题；虽不表扬，也不批评，但是脸上时常露出微笑。"许渊冲还记得课堂上的一个细节：当时昆明的电影院正放映莎士比亚的名剧《罗密欧与朱丽叶》，钱钟书微笑着说："有许多人看了这部电影，男的想做罗密欧，女的想做朱丽叶。"钱钟书口才极好，人很风趣，许渊冲说，钱先生妙语如珠，大有"语不惊人死不休"之慨。

文艺复兴时期的文学和现代小说是为高年级的学生开设的选修课。据王佐良的回忆，钱钟书第一天上课时，叶公超亲自至教室介绍钱钟书，说钱是他的学生，得意之状，喜形于色。吴宓借阅了李赋宁记录的这两门课程的笔记，对钱钟书授课非常佩服。由此可见，联大的教授都是爱才的，而更为重要的是，在联大汇集了这么多的人才中间，钱钟书依然如明星灼灼，丝毫不损其色。

钱钟书住文化巷 11 号，虽然邻居有顾宪良、周珏良、李赋宁、杨武之等人为伴，但彼时杨绛在上海，夫妻两人异地分居，钱钟书自然是十分想念妻子和幼小的女儿阿圆的。他的《昆明舍馆作》

第一首、第二首即是怀人的:

> 万念如虫竟蚀心,一身如影欲依形。
> 十年离味从头记,尔许凄凉总未经。

> 屋小檐深昼不明,板床支凳兀难平。
> 萧然四壁埃尘绣,百遍思君绕室行。

住在"屋小如舟"的联大宿舍,钱钟书依然笔耕不辍。他为栖身之所取了名为"冷屋",闲来写了一系列妙文嬉笑怒骂,竟也辑为《冷屋随笔》。

严酷的外部环境,困窘的生活环境,却可以激发出更多生命感怀。人在面临动荡世界时,会展现出人性的更多面。所以安逸的别墅里只产生绵软,并结不出冷屋里的辛辣文字。

3

因为有光，才折射出了影子

言语的严苛有两种。

一种源于内心格局太小，总是斜眼看人，便口出狂言，没有端正认识。

另一种则是"含泪的讽刺"与"善意的调侃"。因为内心向往真善美，对一切假恶丑难以附和。因为内心将对方看作有担当的人，相信彼此有心灵的宽度，所以才乐于调侃，提出对方的不足。

有人说钱钟书刻薄，言语多讽刺。可看向他的脸，却又不见丝毫恶意。所以只能说，这世界因为有光，所以才折射出了影子。

钱钟书在西南联大任教只有短短的一年，这一年，他传授的东西不少,而对于他为何匆匆离去的传言也很多。其中最有代表性的说法是钱钟书在联大骂遍了人,待不下去了。

据说他曾有此言:"西南联大的外文系根本不行;叶公超太懒,吴宓太笨,陈福田太俗。"对此,钱钟书、杨绛夫妇是极力否认,声称这是不属实的。以钱钟书的学识和为人,说其做出了这种辱骂轻视师长的事的确是颇难让人相信的。

不过在西南联大聚集了许多当时的大家,文人相轻,若说互相间有些小小的不愉快也是有的。众人对钱钟书的评价也一贯是比较高傲,能入其眼的人很少。加之钱钟书是一个敢于讲真话的人,比如关于冯友兰的事情,尽管冯友兰对钱钟书在西南联大的工作出了力,可是因为他在"反右派斗争"中的行为,钱钟书在日后评论起他的时候进行了强烈的谴责。坚持原则,不肯含糊于是非对错,这可以说是钱钟书的人格总是为人称道的原因,但也可以说,或许因此让他与同事间难免会有一些失和。

钱钟书对于在大学工作中人际关系的失望和嘲讽在他的作品《围城》中是可见一斑的。钱钟书离开西南联大到底是否与同事关系有关,我们已不得而知了。不过为众人所知的是,叶公超和钱钟书二人之间早就是貌不和、神已离。吴学昭的《听杨绛谈往事》披露:联大外文系里收购钱钟书从国外带回的西书,没有依价偿付书款。这事情和外文系主任叶公超有关。《吴宓诗集》中收录了钱钟书致吴宓的一首诗，让我们隐约看到事情的原委："清缮所开目，价格略可稽。应开二百镑，有羡而无亏；尚余四十许，待师补缺遗。滕书上叶先（叶公超），重言申明之。珏良（周珏良）所目睹，皎皎不可欺。朝来与叶晤，复将此点提；则云已自补，无复有余资。"虽然这看似一件小事，但在二人之间造成的裂痕还是颇为巨大的。都是爱书如命的文人，昔日的师生情谊竟真因此而走向了陌路。据学者李洪岩考证，《围城》中诗人曹元朗的原型是叶公超。以至若干年后有人向叶公超问起钱钟书在联大的情况时，叶公超竟回答说他不记得钱钟书曾在那里教过书。

对于钱钟书匆匆离开西南联大这段公案，还有另外一种比较让人信服的说法，即受父命前往蓝田师院执教。1939年的那个暑假，对于钱钟书来说可以称得上是一个生命中的转折。自他去上海探亲，就再没有返回西南联大了。也许他在整理行囊、踏出校门时，还未得知这已经是最后一瞥。昆明即将在他的生活中成为过去，不管舍得与否，等待他的未来已经在蓝田。钱钟书的离去犹如静水投石，引起猜议纷纷是情理之中的：且不说他已接到清华大学新一年的聘书，作为破格录用的教授，私自离去实为背信弃义，蓝田师范学院比之西南联大更可以说是天差地远，不但名声平平，教师队伍更是良莠不齐，学富五车、一向自视甚高、满怀抱负的钱钟书竟会选择去这样一所学校发展，实在是让人百思不得其解的。

但其时他的父亲钱基博已在湖南蓝田国立师范学院任教,考虑到身体老弱、时局动荡,希望儿子在身边陪伴的愿望就越发地迫切了。不仅是父亲,连同他的母亲、弟妹、叔父都将其视为一件天大的好事。

孝顺的钟书是不忍拂去家人的希望的,战争爆发时正留学国外的他没能陪在家人身边,对此已经是万分自责不已。当时的他是矛盾的,一方面想着陪伴老父,圆其颐养天年之愿;可一方面私心又想着一年后得了"自由"可以重返清华校园,不辜负母校对自己的栽培以及老师对自己的厚爱之情。

关于钱钟书离开西南联大的经过,杨绛先生回忆道:"钱基博先生当初函召儿子远走蓝田师范'侍奉',说好一年后同回上海。钱也不敢确保爹爹会不会信守承诺,因此他 1939 年 11 月在写给清华秘书长的信上说:'不知一年后可返我自由否?'"对这一段故事,杨绛先生专有一篇《钱钟书离开西南联大的实情》一文,可以作为信史,现摘抄如下:

"1939 年暑假,经由西南联大回上海,打算过去暑假就回校,可是暑假没过多久,他就接到他父亲来信,说自己年老多病,作客他乡,思念儿子,又不能回沪。当时,他父亲的老友廖光如先生在湖南蓝田师范学院,要他父亲帮忙,他父亲就去蓝田师范任职，并安排钟书到蓝田师范当英文系主任。钱可陪侍父亲，到下一年暑假，父子俩可结伴回上海，钱钟书不是不怀念父亲，但是清华破格聘他为教授，他正希望不负母校师长的期望，好好干下去。他工作才一年，已经接下了下一年的聘书。怎能跳槽到蓝田去当系主任？他又不想当什么系主任，即使钟书这么积极'向上爬'，也不致愚蠢到不知国立清华和湖南蓝田师范的等差。不论从道义或功利出发，钟书决没有理由舍弃清华而到蓝田师范去。……钟书从小到大，从不敢不听父亲的话（尽管学术上提出异议），他却也不忍拂逆老父的心愿……钟书表示为难，已有偏强之嫌；他毕竟不敢违抗父命。他父亲为师院聘请的人，已陆续来找钟书……钟书在家人的压力下，不能不合作，可是就此舍弃清华，我们俩都觉得很不愿意。"

　　说忠孝不能两全，似乎言重了些。但生活就是如此纠结，当面临一道两难的选择题时，考验的就不是抉择，而是放弃。做不到心无遗憾地放手，那么只能将它放在心底，用岁月慢火烹调，待来日再成就另一番人生滋味。

4

飘吧,浮萍

与大多数人的人生一样,钱钟书也不免要面对选择的困境。生命的起承转合不是小说,脉络清晰,不留多余的枝枝蔓蔓,所以过多纠结这次的问题也并非聪明之举。

纵然钱钟书有千般不愿,但爱惜家人的他只能听从家里的想法。加之蓝田师院聘请的其他教师不断上门相邀启程,万般无奈的他只好在尚未得到叶公超回信的情况下前往湖南蓝田了。

叶公超没有回信答复的原因是不得而知了,是忿不过得知钱钟书骂自己"太懒",还是不屑回复这位与自己颇有嫌隙的昔日学生已经不重要了。重要的是他向梅贻琦汇报了此事,梅贻琦还曾两次电报挽留。但命运总是爱捉弄人的，谁知钱钟书刚走一两天，杨绛就收到沈莤斋（沈履，杨绛的堂姐夫）来电，以近乎责问的口气，怪钱钟书不回复梅校长的电报。钱氏夫妇既感觉莫名奇妙，同时也是委屈万分的：他们并没有收到梅贻琦的电报。而彼时钱钟书已经奔波在仍然不太平的路上，三四十天的颠簸旅途对于他来说是万分艰辛的，根本没有能力回复校长的电报。承受着身体上的劳累和心灵上的压力，那段日子对于钱钟书而言是十分压抑的。当他抵达蓝田师院后即刻做了一份情真意切的电报发与梅校长，其纠结的心境跃然纸上：

月涵校长我师道察：

    七月中匆匆返沪，不及告辞。疏简之罪，知无可逭。亦以当时自意假满重来，侍教有日，故衣物书籍均在昆明。岂料人事推排，竟成为德不卒之小人哉！九月杪屡欲上书，而念负母校庇荫之德，吾师及芝生师栽植之恩，背汗面热，羞于启齿。不图大度包容，仍以电致。此电寒家未收，今日得妇书，附莤斋先生电，方知斯事。六张五角，弥增罪戾，转益悚惶。生此来有难言之隐，老父多病，远游不能归，思子之心形于楮墨，遂毅然入湘，以便明年侍奉返沪。否则熊鱼取舍，有识共知，断无去滇之理。尚望原心谅迹是幸。书不尽意。专肃即叩

钧安

门人钱钟书顿首上

从杨绛的文章可以大约看出钱钟书的纠结心情，我们只能说钱钟书有很多的难言之隐，是不足为外人道的，那么，到底是什么事情呢？钱钟书不喜欢做太多的表面文章，这也使得他不喜欢表露自己的心境，不过有人经过系统的研究后发现，直接的原因是可以推断出来的，那就是钱基博，迫于父亲的威严，钱钟书只能去滇，而钟书始终没肯这么说。做儿子的，不愿把责任推给父亲，而且他自己确也是毅然入湘。虽然钱钟书是在没有收到梅贻琦电报的情况下去了湖南蓝田，但在情理上，钱钟书也意识到，"不才此次之去滇，实为一有始无终之小人"，一种难言的苦楚，只有他自己知道。可他毕竟是一个非常有自我的人，他说的有始无终的小人，当真是言尽天下受害文人的酸楚。

在中国古代，文人经常受到重视，但也经常被人忽视，甚至遭受陷害。中国最好的诗人与词人，往往都有被流放的经历。比如苏轼、欧阳修，甚至杜甫、李白，辛弃疾没有被流放，但是他没有被重用，也是含恨离开了这个世界。但就像司马迁说的那段有名的话，伟大的人物都是在经历过极大的悲痛之后才能成就自己的价值。钱钟书怀着愤愤不平的心情离开西南联大，未来是什么样的他不知道。如今看来，正是去蓝田师范学院任教的经历，使得他创作《围城》拥有了活生生的素材，而这一次经历也在本质上激发了钱钟书写《围城》的心绪。

其实，从宏观的眼光来看，钱钟书离开联大隐约折射出联大外文系人际之间的矛盾。1940 年春，吴宓因清华外文系主任陈福田不聘钱钟书，愤愤不平，斥为"皆妄妇之道也"。他深知钱钟书的实力与人格，在他的心中，钱钟书是自己最得意的弟子了，他受不了钱钟书被人这么挤对，于是他利用自己的各种关系，到处寻人帮助，可是没人来帮他，他愤愤不平，"终憾人之度量不广，各存学校之町畦，不重人才"。又怨"公超、福田先生进言于梅校长，对钱等不满"。

有了西南联大和蓝田师范学院的经历和遭际，钱钟书后来在小说《围城》中塑造了很多学者的形象。虽然是小说，但也暗含他对当时的学者的评价，小说曲折地映照现实，这个道理钱钟书永远记在心中。他借鉴《儒林外史》，对当时的虚伪知识分子进行无情的揭露。不怕人说，怕丑陋不被说，这就是钱钟书永远的风格，这也构成了钱钟书最基本的魅力。

世界上的确有那么一些在智商上让人敬佩的人，他们仿佛有无数个大脑，可以高度集中自己的注意力，可以轻而易举地明白世界上的道理，可以在面临困境的时候出其不意地运用奇谋绝技。

但是，每一个人要知道，人活在世界上有两种值得别人尊重的东西，首先是道德，其次才是各种外在能力。钱钟书的人生是辉煌的，可以说达到了做学问的极致的地步，可他的故事就这么传下来，绝不单单因为他的外在能力、内在的学识，更重要的是，他的精神与品格。

第 *6* 章

邂逅蓝田小镇

1

到湘西去

远古时代，蚩尤正是在湘西这片土地上出生成长，这是个人杰地灵的好地方。尽管最初的选择带有一丝遗憾与无奈，但实际湘西所赋予钱钟书的，不仅是荒僻，还有艺术上的成长。

许多个不眠的夜晚，伴着昏暗的灯光，几本古书，一只火盆里煨热的鸡蛋，让他获得一生难忘的知识和见解。

因父亲需人照顾，钱钟书"毅然入湘"到湖南国立蓝田师范学院任教，并开始了《谈艺录》的写作和《围城》的具体构思。就像钱钟书本人想的，靠自己、靠自己的力量构建一些与众不同的东西未尝不是人生的一种美妙。

翻开《围城》，你会感觉到一种莫名其妙的力量，它透过人心来剖析人心，进而来剖析人生、来剖析社会。你会感觉那是一个透明的，甚至比亚当夏娃更加"暴露"，它是一个没有了任何物体遮挡的实体在你面前，任你三百六十度地看。那是一个爱国的文人对于心、人生、社会的一种解读，尤其里面对于那些假文人"无情"的讽刺和鞭挞。

在《围城》中，你会似有似无地感觉有一个人一直存在于这部小说中。那就是它的作者——钱钟书。1939 年 10 月初，钱钟书准备动身去蓝田师范学院，当时师院已经在上海聘了数位教员，这些"先生"们陆续找到他，结伴入湘。这段辛苦的路程都被他一一写入了小说《围城》里面。钱钟书一路上感叹着世态的炎凉和人心的不古。

与钱钟书一同入湘的有邹文海、徐燕谋等人。其中徐氏有长诗《纪湘行》，邹氏则有《忆钱钟书》一文。这两部作品都可以让我们更细更近地去了解这段艰辛的路程。邹文海是无锡人，与钱钟书是小学同学，后来又是清华的同学。1962 年海外谣传钱钟书去世，邹氏就写下了这篇纪念文。这篇文章不长，但是对于我们了解钱钟书的事迹则有很大的帮助。此次入湘，文中就有扼要的叙述，他说："抗战初期，交通工具不敷分配，沿途游客拥挤非凡，无法按时间到达目的地的。我们 10 月就从上海订船票赴宁波。

继而日人封锁海口，不能通航，一直到 11 月初才得到船公司通知，定期出发。到达宁波后，大家松口气，方感真真脱离了敌人的魔掌。从宁波到溪口，一节乘汽油船，一节乘黄包车，足足走了一天，此后则全部乘长途汽车，每站都得停留三天五天，不是买不到票，就是等待行李到达，没有一站是顺利通过的。开始我还利用等车的时间就近寻险探幽，以后因步步为营，心境愈来愈恶劣，真是懒得动弹了。"（《忆钱钟书》）也就是说，在抗日战争时期，交通遭受到了很大的破坏，出入都非常不方便，就是在这种情况下，钱钟书离开了西南联大，这种远程真是让人心力交瘁，真的苦了这些路上的行人了！

除了邹文海之外，同行的还有徐燕谋，他与钱钟书在苏州桃坞中学为同学，中学毕业以后入光华大学为钱父基博的学生。他有一首可以当史诗来读的长诗《纪湘行》。此诗的开头就很感动人：

乙卯十月吉，戎装我将发。

床前拜衰亲，未语词已窒。

中闺别吾妇，叮咛到鞋袜。

稚子喧户外，行李争提挈。

邹文海说从宁波到溪口，一节乘油船，一节坐黄包车，足足走了一天。徐燕谋的诗说："短短溪口道，狼狈不可说。"《纪湘行》中也提到了"寻险探幽"。诗云："雪窦山色佳，雨后净如泼。"一路上钱钟书也有寄信给他的妻子杨绛。钱钟书游了雪窦寺后，写了四首古纪诗《游雪窦山》寄给杨绛。其中第二首和第三首是杨绛最喜欢的。

> 天风吹海水，屹立作山势。
>
> 浪头飞碎白，积雪凝几世。
>
> 我尝观乎山，起伏有水致。
>
> 蜿蜒若没骨，皱具波涛意。
>
> 乃知水与山，思各出起位。
>
> 譬如豪杰人，异量美能备。
>
> 固哉鲁史叟，只解别仁智。

这首诗钱钟书以雪窦山的天然景色，以水喻山，尽情地渲染着山水的气势与其浩渺的感觉，游于山水当中之乐。但是第三首则与此首不同，恰有一种忧愤与不平。

> 山容太古静，而中藏瀑布。

不舍昼夜流，得雨势更怒。

辛酸亦有泪，贮胸肯倾吐。

略似此山然，外勿改其度。

相契默无言，远役喜一晤。

微恨多游踪，藏焉未为固。

衷曲莫浪陈，悠悠彼行路。

在险阻的途中，钱钟书亦念及其妻女："挈我妻女去，酷哉此别离。"那种思念的凄清之情跃然纸上。但是在途中，从开始的"寻险探幽"到后来的"心境不好"，钱钟书仍是会怡然地读着书。让与途人惊诧的是，这本书居然是一部字典。

他说："字典是旅途中的良伴，上次去英国时，轮船上惟以约翰生博士的字典自随，深得读字典的乐趣，现在已养成习惯。""在旅途中不能作有系统的研究，惟有随翻随玩，遇到生冷的字固然可以多记几个字的用法，更可喜者，前人所著字典，常常记载旧时口语，表现旧时习俗，趣味之深，有不足为外人道者。"从中能看出钱钟书的"博闻强志，积学之深"。

能从字典中品味出奇趣的人，世上并不多。字典中是零散抽象的碎片，要有一个清晰强大的头脑，才有独立的逻辑，将其解读为不同的样貌。才子当如此，令人敬佩。

2

共饮半盏秋色

有句话说得好，人只有在路途中，才会分外想念家的温情。当时的钱钟书就是这样的，为了不让自己的妻子担心，他在途中经常给杨绛寄信。

他知道杨绛的脾气，嘴上不说，但心中肯定非常牵挂自己。他将自己在路上的情形挑好的告诉杨绛，如果遇见了什么新奇的见闻，也写给她。

当然，钱钟书的这些家书里，最精彩的当属他给杨绛写的古体诗了。有人说文人的雅趣是做作，在钱钟书这里却绝对不是这样，看他的诗就知道了，他有心酸的地方，有因为离别而伤心之处，这些真情实感不过是通过诗的形式表达出来，并不是做作，更不是像很多人说的那样，钱钟书是在给自己立传。其实以钱钟书的博学多识，他完全可以很轻松地给自己立一个传，在里面吹嘘自己的才华与精力，吹嘘自己气质的高雅，以及自己所谓对文明的责任感，但钱钟书没有。

钱钟书在路上走了三十四天才到达蓝田国师。有趣者，从上海到蓝田步行也只需两个月，而钱钟书一路行船坐车竟行了一月有余。或可说当时的交通设备很陈旧，而且又要等待行李及候车。

正如徐燕谋诗中所说："车行历崎岖，疾徐漫无节。"或者"上坡蜗缘墙，下坡鹿惊窘。时或折其轴，时或脱其辖"。而乘客们更是"衣襟污呕吐，行李纷撞碎"。

钱钟书就在这种狼狈不堪的情形下于 11 月下旬抵达蓝田，随后与朋友写信时说："10 月中旬去沪入湘，道路阻艰，行李繁重，万苦千辛，非言可尽，行卅四日方抵师院，皮骨仅存，心神交瘁，因之卧病，遂阙音书。"细读之，那种艰辛不言亦能思半。

这种情形大概跟今天的人坐火车的时候只有站票了那种感觉颇为类似吧，站在列车上那好歹也是列车，顶多站个一天两天的，就是疲劳到顶了，也只需睡它一觉，然后就精神奕奕。这跟钱钟书是完全不同的，钱钟书的路，已经说了，比步行快不了多少，而且一路上条件艰苦，连个正常睡觉的地方都很难找到。这不能不说是在抗战时期中国知识分子的悲哀，他们是不幸的，因为他们所生存的时代。

国师校长廖世承将校址选定在蓝田，主要是因为在这儿可以找到现成的房子，这同样是因为物资匮乏所致。钱钟书到蓝田时国师才成立两年，一切还都是草创。在这里很多都是名不见经传的先生，所以很难能有知音，他对友人说："此地生活尚好，只是冗闲。"其实这是预料中的事情。但就因为这种冗闲，钱钟书才能在教学之外几乎每天都是埋头读书。通常在午后或是晚餐后一段时间，他就会找邻屋的子泉老先生聊天。其他时间则都是用来读中国四部古籍或者是伏案写作，这种心境跟围城中的方鸿渐有异曲同工之妙。

方鸿渐当时去了大学教书，百无聊赖，教伦理学，课不多，这跟钱钟书长途跋涉到蓝田是一样的，而且二人的共同之处就是口才非常好，只不过方鸿渐的遭遇要比钱钟书惨点罢了。除了伏案读书，钱钟书还比较喜欢跟朋友们玩，有时他也会与三五好友聊聊天，除了极少数的朋友，则再就没有了。因为他始终相信一个道理，朋友贵精而不贵多，多出来的所谓的朋友，未必是跟你真心交往的。

钱钟书才思敏捷，富有灵感，又具有非凡的记忆力和幽默感，口若悬河，滔滔不绝。但是在此之间也会丝丝透露出他的恃才，如果说钱钟书有一丁点的不足的话，就是那建立在才气之上的对很多东西的蔑视。尽管他有资格这样，而且这样也不伤大雅，但从对他自己的利益的角度上来说，则未免有点不合时宜。这也显示出钱钟书内心的两个层次，第一个层次是天真厚道，第二个层次是嫉恶如仇，他的有些话其实是可以不说的，或者不必说得那么激烈的。

这样冗闲的生活给了钱钟书极大的便利，没有什么事情来打扰他，可以专心地读书和写作。更有一事是很庆幸的，虽然国师是初创，但是其藏书则是极其丰富的。他的《谈艺录》就是在蓝田开始写的。他在《谈艺录》序里面说："谈艺录一卷虽赏析之作，而实忧患之书也。始属稿湘西甫就其半。养疴返沪，行箧以随。"钱钟书写《谈艺录》的纸用的就是镇上所能买到的毛边纸。每晚写一章，二三天以后又修补，夹缝等处填写补缀得密密麻麻。这稿子也就成了只有钱钟书自己才能看明白的"天书"了。

写过稿子的人都知道，在最后誊清稿子之前，是需要将自己的思路理清楚的，不然就会陷入蒙的泥淖。钱钟书的灵感太多，记得非常杂乱，但他有超强的记忆力，可以清楚地回忆起自己的思路来，不至于搞混了。另外，他在文学方面的条理性远远超出生活的条理性，所以他的稿件都保存得很好。他笔耕不辍，善于联系，除《谈艺录》之外，他还写了很多的旧体诗。而《写在人生边上》中的五篇，即《窗》、《论快乐》、《吃饭》、《读伊索寓言》和《谈教训》也是在此间写成的。而最主要的是，从去沪到入湘到蓝田这些经验，让钱钟书写了一部中国现代文学中不可忽视的巨著——《围城》。

3

为了重返的告别

人际交往是一种奇怪的东西。原本，人与人之间的关系应是自然形成的。社会发展的速度快了，人们在这其中发现了学问，于是这其中也便有了技巧的成分。觥筹交错间，人们的眼睛越来越精明，彼此间流动的真情实感却也越来越淡薄。

在钱钟书的生活碎影中，人际交往是冷门的门类，并非他讨厌与人接触，而是懒得花费心思，去对情感进行冰冷的计算。如果说钱钟书只知读书而不通人情，这似乎有些严苛。

据吴忠匡先生对钱钟书蓝田的回忆："至于在为人处世方面，他确实极单纯，像水晶球似的远近自然，外内如一。这可是人们所万难想象的。在他身上既充溢着敏锐的智力和活活泼泼的想象力，他的思考风格又是独一无二而且十分惊人。然而，在书本以外的日常生活领域嘛，却表现出缺乏一般的常识，极其天真。常常在非常简单的日常生活小事之中，会闹出一些超乎常情的笑话。人们嘲笑他的书生气。譬如，他每次上街，走着走着就迷失了方向，找不回自己的宿舍了。他也不会买东西，买了贵东西，还以为便宜。可他从不甘心承认自己的书生气，他常辩说自己最通晓世上的人情和世故，说自己从书本中早已经省识了人生和社会上的形形色色。事实上也许真是这样，他在小说《围城》中对人物和生活的惟妙惟肖的刻画，不是最好的例证吗？不管他自己怎么说，我还是认定钟书本质上是一个纯粹又纯粹的学者型人物，除去他在那个令人眼花缭乱的书本的广阔天地中上天入地，自由翱翔外，他似乎不适宜于其他的工作。"

他似乎真的是一个"学者型人物"，但是说他"不适宜其他的工作"，这个我们应该认真思考一下，不敢轻下结论。从年轻时候的滔滔不绝到晚年缄口缄默，我们不能不感觉到什么。而从上文中能很清晰地感觉到，他有着属于他的那种儿童般的天真和自然。但是不知道他属于的是冯友兰先生境界说中的哪种境界，是自然境界还是天地境界呢……

钱钟书虽然在蓝田积攒下了这么多的经验，但是蓝田生活的确是太冗闲了，很多事情也提不起劲儿，当然这里也包括着教课。最后他还是因为实在憋不住了而"去湘返沪"，只在这里教了两年的书。随后钱钟书又在上海谋了教职，但不久日本偷袭珍珠港，太平洋战争爆发，日本人占租借地，上海从此落入日本人的魔爪。钱钟书即使要出来也出不来了。

这次蓝田的经历，可以说是钱钟书的"多产期"。他着笔写了《谈艺录》和《写在人生边上》，并出了一册《中书君近诗》，但最主要的还是在蓝田构思了小说《围城》，这部可以影响近代中国文学史的著作。

钱钟书于1941年7月回到上海。他原来准备过了暑假后回到西南联大教书，可是一直没有消息。钱钟书就在震旦女子文理学院和光华大学任教。此期间学校经费很是拮据，待遇也非常不好，所以要兼顾二校才能维持生活。

10月前后联大外文系主任陈福田来上海正式聘请钱钟书，但此后不久发生了珍珠港事件，钱钟书就在上海出不去了。每天钱钟书只能在小屋子里面读书，在夜晚经常能听到日军的行步声。日军对于上海的控制极其森严，桥头和街口更是岗哨林立，戒备森严。而且过路人员必须对日兵脱帽鞠躬。钱钟书的妻子杨绛说："我不愿行这个礼，低着头就过去了。"在那时，无故被扣留，殴辱，拳打脚踢，甚至被刺刀杀死时时发生，就如同家常便饭一般。

但是，日本人好像知道杨绛对自己的不屑一般，一天晚上竟然"光顾"了钱钟书的家。

当时钱钟书并没有在家，他在外面教书挣钱，杨绛做好了晚饭之后，就熄灭了灯。外面是密密麻麻的靴子声，她小心地把门顶上，然后坐在凳子上，等着密密麻麻的声音的消失，可是靴声没有消失，却越来越响。杨绛犹疑而惊恐，按说这个时候靴子声应该消失的！

然后，是魔鬼般的声音——当，当，当。杨绛的心陡然跳动起来。她赶紧给钱钟书的学校打电话，不让他回来，怕家里的事情连累到他。然后，她稳定了一下自己的情绪，打开了门，门口是绿色的军衣，然后是叽里呱啦的日语。杨绛听着大意是让自己跟他们走一趟，她心中反而坦然起来，连一丝抵抗都没有。

只不过让杨绛百思不得其解的是，在日本人的看守所里，他们竟然没有对她用刑，而且第二天就把她放出来了。事情发生之后杨绛才明白，原来这些日本人抓错了人家。

就是在这种严酷的条件下，钱钟书依旧醉心于学术，把学问作为自己内心最大的慰藉。可以说，钱钟书虽然曾学于西方，但是并不曾变得如假洋鬼子般。

虽然他英语极好，但是他始终流淌着中国人的血，并未被那种西洋给腐锈半分。钱钟书在上海虽然清苦，但是名气很大，而且环境又极其复杂，所以想拉他"下水"的人不在少数，但是都被他严词拒绝了。

如郑朝宗说："在他们夫妇身上可以看出中国知识分子'富贵不能淫，贫贱不能移，威武不能屈'的顽强精神。"

4

战争！战争

　　钱钟书夫妇虽然生活很窘困，但是仍不忘写作。或许这就如这个时代的其他大家一样，用生命和鲜血在表达自己的那份心。那份对于自己的爱，那份对于人生的爱，那份对于国家的爱。

　　在那时物价极贵，生活的艰辛就更不言而喻了。家里一切事务都落在妻子杨绛身上。钱钟书除修订《谈艺录》之外，于抗战末期，即着手写长篇小说《围城》。在上海期间出了一册散文集《写在人生边上》。钱钟书的散文风格受西方很大影响，尤其是培根，在很多地方都能寻到蛛丝马迹。但是他的散文不仅仅优美，而且在优美中又带有讽刺，读起来如玫瑰一般，美丽与花香让你抵挡不住那种诱惑，但是它的刺仍会刺痛你。

《写在人生边上》的出版与《谈艺录》的撰写都于此时。他对抗战的胜利是有信心的，他在《谈艺录》序言中说："麓藏阁置，以待贞元。"

杨绛在抗战末期说过："那时候知识分子在沦陷的上海，真不知'长夜漫漫何时旦'。但我们还年轻，有的是希望和信心，只待熬过黎明前的黑暗，就想看到云开日出。"这几句话也的确反映出人们的心情。不仅仅是知识分子，也包括所有人民的心情，期盼那黎明的光亮。

随着两颗原子弹在日本国土降落，人们终于迎来了"云开日出"。但是好景不长，抗战胜利后的中国，政局却是一片糜烂。各大国俱重整家园，但是中国却不然，又开始了大规模的内战。这时百姓生活的情形与抗战期相距不远，仍然是苦不堪言。同时的政府腐败，物价高涨，通货膨胀，老百姓只能是"打掉牙往肚里咽"了。

钱钟书也不例外，战后没有回清华，仍留在上海，与一般知识分子一样，找了许多的兼差，以维持生计。抗战后不久，钱钟书应聘于南京国立中央图书馆，负责编辑该馆的英文刊物《书林季刊》。1949年中央图书馆迁至台北，而钱钟书留在大陆。在《书林季刊》供刊时，钱钟书在这上面用英文写了很多书评，并把洋人挖苦一番。而因为《书林季刊》的关系，钱钟书于 1948 年 3 月以中央图书馆工作人员的身份，随教育部主办的文化访问团到台湾一趟。同时教育部在台北办了一个文物展览会。为了配合展览，另外还有七场演讲。钱钟书为第五场 4 月 1 日上午，讲《中国诗与中国画》。钱钟书生性幽默，口才好，并且文学涵养极高，他说："诗就是能讲话的画，画就是不讲话的诗。"他引经据典，把《中国诗与中国画》说得更加地通俗，明白畅晓，让"妇人"亦能听懂。钱钟书除在中央图书馆工作外，他同时也在英国文化委员会工作，而且又在国立暨南大学外文系兼课。钱钟书在暨南大学教到 1949 年 6 月，前后三年。在任教期间极受学生喜爱。

钱钟书在 1946 年到 1948 年这三年间分别出版了《人·兽·鬼》、《围城》及《谈艺录》。钱钟书的文字很美，似乎不像小说，而更似散文一般。在《人·兽·鬼》中，钱钟书映射了很多的当时的名士及大学的教授。虽不是一一对应的，但是确实是有的，也恰如曹雪芹先生的《红楼梦》一样，虽不尽如"索隐派"那样，当仍然有所映射。尽管他在文中说"不关实事"、"无年代可考"等语。钱钟书也在此书序文中说："书里的人物情事都是凭空臆造的。"看此亦有"此地无银三百两"之嫌，但却能令人更加深思一番。

而《围城》则是钱钟书最成功的文学创作，于 1947 年 6 月由上海晨光出版公司出版，这是钱钟书留下来的唯一一篇长篇小说。里面涵盖了那个时代的"知识分子"。《围城》刊布后深受读者欢迎，钱钟书名噪一时。如果按钱钟书译的诗人的句子"狐狸多才多艺，刺猬只会一件看家本领"来看，刺猬象征着只有一个中心思想，而狐狸则是无所不知，无所不包，观察入微但思想散漫。或可说，"狐狸"的优点是文字美且精炼，观察入微。而"刺猬"的优点是有体系，结构完整。哈佛大学教授李欧梵说：中国古今作家兼具刺猬与狐狸优点的只有一个曹雪芹。他说鲁迅是狐狸，茅盾是刺猬。读了《围城》你会感觉钱钟书就是一只"狐狸"。

他在 1980 年《围城》人民文学版重印前记中说："我写完《围城》，就对它不很满意。"此意为何，我们不得而知。他接着又说他抽空又写了长篇小说《百合心》，但是草稿于迁居中"不知哪里去了，后兴致大扫，一直没有再鼓起来，倒也从此省心省事"。后钱钟书说如果它能出版，会比《围城》好些。可惜事情没有"如果"，然《百合心》未能出版确是一大憾事。

第 **7** 章

与魔鬼对峙的眼光

1

刺进肺里的艰辛

自打来到上海之后，钱钟书倍感独在异乡的凄凉，为了维持生计，他找了很多职位，第一个职位是在上海中央图书馆担任编纂，第二个职位是在英国文化委员会工作，另外，他还在暨南大学教书。尽管当时的钱钟书正当中年，年富力强，可这三份工作一压下来，他还是感觉有点吃不消。怎么办？钱钟书于是学着在工作完之后去散散步，逛逛书摊，借以消解压力，放松心情。

他喜欢到卖书的地方看看，尤其是旧书摊。那时候上海的旧书多，旧书市场也发达，去逛的学者往往有出其不意的收获，一天，钱钟书隔了十几天又来到旧书摊，发现有三个十四五岁的孩子在卖字。钱钟书一见那字心中便一动，看其规整，像刚脱离临摹的孩子手笔，可看那股子气势，又像个成年人，于是他上前问那三个孩子："我见这字，三幅有三种不同气韵，而用笔规整，严丝合缝，分明是一个人的手笔，可一个人的手笔写这刚柔二种字犹可理解，其中一幅是含刚带柔，有绵里裹针之妙，没有十年的功力岂能达到这炉火纯青的笔法水平呢？再看你们不过是少年书生，不会有此功力，心想这字不是偷来的就是临摹来的吧，是以不敢过问而去。若是帮人卖画，这么好的字应该不会让你们几个孩子看着，若其中另有隐情，还请赐教。"

这三个孩子都是学过书法的，这字也是自己写的，因为经常被人夸奖字好，所以大胆贴出来卖，以补贴贫穷的家境。他们见钱钟书品评得恰到好处，心中佩服，也惊喜不已，惊喜的是自己的字到底被市镇上的人承认，一旦承认就可以卖钱了，卖了钱就可以给父母减轻点负担了！其中二人刚要张嘴，那最高的孩子率先问道："先不必说字，您看看这两幅画如何？"钱钟书一看就明白，这孩子临摹习学马远夏圭等人的"残山剩水"之画，深得旨趣，但他的画不但不逼仄，反而隐隐透露着极大的气魄。他哪里知道，这孩子大几年，又专攻范宽的大山水画，笔法逐渐有了气魄，变得精致而宏大，自己也是深以为自得的。

钱钟书一看，微微一笑，说道："画倒也不错，又气魄又精妙，不足之处是画风分离，想必是年纪尚小的缘故，假以时日，肯定会成为大家的。"三人听了，一起咋舌。那高个的率先说道："阁下说得没错，品评得十分恰当，字是我写的，画是我这位兄弟画的，绝对不是临摹下来糊弄人的。如果您想要，我们只求个买肉钱，回家给老先生改善一下吃食；如果您没钱，这字画就拿去吧！"钱钟书大感动人，立马从口袋里掏出十块钱给他们，挑了一幅字，走了。

其实那几个孩子哪里知道，钱钟书的眼睛只能认识四种颜色，是个"色盲"，可他对字画出墨的用法如此熟悉而有亲和力，一语中的。三个孩子更没有想到，钱钟书不是家财万贯的风流才子，更不是附庸风雅的公子哥，他只是一个为了糊口往往备课到深夜的穷"秀才"！十块钱，在当时足够一个家庭维持一段时间的生活了，而在这背后，却是钱钟书消耗自己的生命力得到的报酬。

可是钱钟书还是给了孩子们钱，说实话，字不错，但没有自己写的好，也没有杨绛写的好，可是自己命中注定的东西，近在咫尺，又遥不可及，远大的报复跟枯燥的生活，这些对于自己，压力恐怕比对三个孩子来说要小吧？自己可以通过各种渠道做各种差事挣钱，而孩子们呢？正当是饱读诗书的年龄，却为了糊口而卖艺！

另外，在感慨时代的不公平、感慨三个孩子的可怜的同时，钱钟书的内心深处对这三个孩子充满了感激，在国家经历了种种灾难之后，竟然还有人有这份传承中华文化的心情，他心潮澎湃，为了糊口，自己都不敢说一直是以中华文化的强盛为己任的，而这三个孩子在这上面下了多少工夫，是可想而知的。

　　钱钟书边走边听，身后没有传来欢呼声或者喝彩声，这是他希望的。他不希望孩子们夸大没有得到的东西的作用，当钱摆在自己面前的时候，他们需要知道，原来钱很重要，却不是最重要的。三人的心中想到的，应该是一件事情——起码，人之间的情意就比金钱的价值更高！钱钟书奋起脚步，迅速离去，他感受到了整个中华民族的希望。

2

每个人的心中都有一座围城

　　每个人的心中，都有一座围城。一些不愿意直接面对外面世界的人，就以墙为壳，建起一道保护自己的屏障。一些心中有想法的人，则以墙为结界，建起自己的城堡。钱钟书晚年的时候没有什么故作的想法，就是在自己的家中搞学问，而自己的城堡，就是他的家。

　　钱钟书开始强烈地感受到生活的种种，这些事情也引发了他对生活的思考。上海对他来说就好比是一个面向世界的窗口，他从这个窗口，见到了自己以前没有见过的东西。

　　他的著名小说集《人·鬼·兽》就是在这个时期创作的。通过一点看世界,自然有别样的风味,有意思的是,这部小说的名篇《窗》就很好地体现了钱钟书思考的心路。在钱钟书的眼中,体会到世界的冷酷的人,才会刻意将自己关在自己的城堡之中;而只有体会到世界的温暖的人,才会将自己的眼光从城堡中伸出去,观察外面的世界。

在文章的开头,钱钟书开门见山地说道:又是春天,窗子可以常开了。春天从窗外进来,人在屋子里坐不住,就从门里出去。不过屋子外的春天太贱了!到处是阳光,不像射破屋里阴深的那样明亮;到处是给太阳晒得懒洋洋的风,不像搅动屋里沉闷的那样有生气。就是鸟语,也似乎琐碎而单薄,需要屋里的寂静来做衬托。我们因此明白,春天是该镶嵌在窗子里看的,好比画配了框子。

屋子外的春天,太贱了,这话说得犀利,丝毫没有享受春光的那种慵懒与寂寞难耐,这很准确地体现出了钱钟书的心境。他当时是讨生活的,没有什么多余的心思去玩弄春天。他说,春天是该镶嵌在窗子里的,好比画配了框子,这体现出钱钟书当时倾向于内敛的风格,这应是他一生的性格了。

而之所以将外面世界对人的吸引过程放在春天,也是钱钟书独具心裁的看法。

"门和窗有不同的意义。当然,门是造了让人出进的。但是,窗子有时也可作为进出口用，譬如小偷或小说里私约的情人就喜欢爬窗子。所以窗子和门的根本分别，决不仅是有没有人进来出去。若据赏春一事来看，我们不妨这样说：有了门，我们可以出去；有了窗，我们可以不必出去。窗子打通了人和大自然的隔膜，把风和太阳逗引进来，使屋子里也关着一部分春天，让我们安坐了享受，无须再到外面去找。古代诗人像陶渊明对于窗子的这种精神，颇有会心。"可以看出来，钱钟书已经在悲观的人生哲学中找到了乐观的态度，窗子是不同于门的，窗子逗引人的鬼鬼祟祟的动机，门是正大光明的象征，这是从用途上将二者进行划分，而如果用城堡理论来分析的话，窗子是有独特的性情的人不被外面的世界遗忘的途径，门则是门里的人准备好接受世界的一切的一个途径。但是如果从乐观的人生哲学来解释的话，窗子跟门都可以是快乐的源泉，这又是钱钟书所说的"殊途同归"了。

然后，钱钟书开始了他最拿手最经典的论述，他引用《归去来辞》里面的两句话道："倚南窗以寄傲，审容膝之易安。"不等于说，只要有窗可以凭眺，就是小屋子也住得吗？他又说："夏月虚闲，高卧北窗之下，清风飒至，自谓羲皇上人。"意思是只要窗子透风，小屋子可成极乐世界；他虽然是柴桑人，就近有庐山，也用不着上去避暑。

所以，门许我们追求，表示欲望；窗子许我们占领，表示享受。这个分别，不但是住在屋里的人的看法，有时也适用于屋外的来人。

一个外来者，打门请进，有所要求，有所询问，他至多是个客人，一切要等主人来决定。反过来说，一个钻窗子进来的人，不管是偷东西还是偷情，早已决心来替你做个暂时的主人，顾不到你的欢迎和拒绝了。

最后这句话，多数看的人都会会心一笑，为钱钟书的幽默所折服。

我常想，窗可以算房屋的眼睛。窗子许里面人看出去，同时也许外面的人看进来，所以在热闹地方住的人要用窗帘子，替他们的私生活做个保障。晚上访人，只要看窗里有无灯光，就约略可以猜到主人在不在家，不必打开了门再问，好比不等人开口，从眼睛里看出他的心思。这便是外面的世界对窗子的反应了，门在特定的时间是关上的，将屋子里的一切跟外面的世界隔离开来，而窗子在大部分时间里都可以给外面的世界提供一个可以借鉴的现象。比如屋子里有灯，这说明里面的人还没有睡觉；如果窗子开着，说明里面肯定有人在活动；甚至，如果一个窗子上面的玻璃碎了，见到的人不免会联想到这家会不会遭到了盗窃？或者有其他别的事情发生？这就是窗子的传递性，钱钟书深知一个自闭的人会自我摧残到什么程度，这种由窗子而来的给人的启发，通俗易懂。

　　钱钟书由窗子讲到了人，讲到了文化，从这些精当的描写、包揽东西方的典故中，我们可以看出钱钟书在文化的"打通"方面做得是多么全面。跟 20 世纪的很多大家，比如周作人等不同，钱钟书的文章不故作玄虚，而显示出自己鲜明的性格特征，因而就更加鲜活。

　　其中对加缪典故的描写，充分体现出钱钟书的眼界的开阔性，比如在这篇文章中，钱钟书引用加缪的典故。加缪是一个非常著名的哲学家与小说家，其作品是不太好懂的，可是钱钟书看得津津有味，并且可以熟练地运用到自己的作品当中。

　　就在钱钟书有滋有味地思考人生的城堡理论、围城理论，思量自己的思路的时候，外面的世界对《围城》的反响开始如潮水般涌来。首先是对这本作品的各种褒奖，有人说，这就相当于当代的《儒林外史》，是值得任何一个知识分子反思的；有人说，这本书三百页多，却有七八百个比喻句，这是语言学大师才有的对修辞的敏感；更有的人说，这本书体现出了非常深厚的哲学意识，甚至专门写文章来论述钱钟书的哲学意图。

　　而有的人甚至对《围城》进行了续写，有的写唐晓芙和方鸿渐结婚之后，相处得并不是非常好。为了报复方鸿渐，她回到了上海，而且不给方鸿渐追赶的机会。方鸿渐来到火车站寻找她，没有找到，却发现了孙柔嘉和自己的丈夫在一起，这对方鸿渐是一个极大的打击，他无精打采地回到家里，愁眉苦脸，等等等等。这些人物跟钱钟书的原著十分相像，但没有钱钟书的那种叙述风格。而风格，这个文学作品中最重要的要素，是任何人都模仿不来的。

当然，《围城》给钱钟书带来的影响也不仅仅是如此。各界的评论是一方面，而很多人竟然以故事里的方鸿渐来猜测钱钟书本人了。有人说，故事里面方鸿渐和一行人去教书的过程，就是钱钟书去蓝田教书过程的一个写照，还有人竟然开始用里面的人物事迹来附会钱钟书的朋友，而杨绛则成了故事里面的孙小姐……对此，杨绛在《围城》的后记《记钱钟书与围城》中讲到，《围城》里面的人物都是虚构，不需要附会。可人们对这本书的讨论兴趣丝毫没有减。

或许这就是真正的文学作品的力量，以及真正的文学作品遇到的困窘吧。一部《围城》，叹息起了多少人的心。与读金圣叹的评语一样，每个人捧起书来，都不禁倾倒于作者的博学、智慧和幽默。

幽默大师

抗日战争的胜利给钱钟书带来的震动是巨大的。杜甫的那句诗"国破山河在",在钱钟书看来,不是一种绝望,而是一种乐观。国家破了,但好歹山河仍在。有很多人想吞并中国,可是中国人还是坚守着自己的文明到了最后,从某种程度上说,这是中华文化的一个胜利。

与此同时,钱钟书和杨绛对是否离开这个地方都有不太确定的态度。钱钟书为了养家糊口,已经找了三个职务。在这三个地方,他都可以很好地跟人沟通,生活下去。并且他的骨子里有着浓厚的安土重迁意识,要离开一个地方去另一个地方,往往需要适应很长的时间；而杨绛的态度也是不确定的，在她的眼中，有家人的地方才可以久住，当时有很多亲人都在上海，而且钱钟书在上海的职务已经越做越好，所以二人尽管有意识地想变动一下，但都没有提到离开上海。

但跟以前不一样的是，他们再也不必诚惶诚恐地生活了。他们可以自由自在地在大街上行走而不必担心被日本人抢劫，行为上的自由直接使他们的思想进入了一个脱离束缚的新境界。钱钟书于是更加卖力地创作，更加卖力地工作。他心中明白，自己曾亏欠过杨绛和家人，要努力地弥补。

无论是写散文、写杂文，还是写小说。钱钟书是中国近代最有幽默细胞的几个大文化人之一，他的幽默跟中国古典小说里的幽默风趣不一样，跟周作人、林语堂等人倡导的幽默闲适的文风也不一样，跟鲁迅先生的幽默也不一样。他的幽默是带笑的幽默，而且这笑是微笑，而不是冷笑，微笑之中的讽刺是绝妙的讽刺，冷笑之中的讽刺是唾骂的讽刺，钱钟书幽默的绝妙之处，就在这里。

曾有人记录钱钟书在愚人节那天到学校做演讲的情形，院长首先对钱钟书做了一个简要的介绍。钱钟书带着那种惯常的微笑，走上讲台，对下面的听众说道："院长的话让我诚惶诚恐，他说我是优秀学者，这实在是愧煞我也。打个比方说的话，我现在给大家开了一张空头支票，待会儿如果拿不出款子来，是要受耻笑的——"这个在《围城》里提到过的比喻，当然一出场就让人捧腹大笑。

关于幽默，他有过非常精当的论述。

在论笑的文章里，他说：说笑自从幽默文学提倡以来，卖笑变成了文人的职业。幽默当然用笑来发泄，但是笑未必就表示着幽默。刘继庄《广阳杂记》云："驴鸣似哭，马嘶如笑。"而马并不以幽默名家，大约因为脸太长的缘故。老实说，一大部分人的笑，也只等于马鸣萧萧，充不得什么幽默。"文章一开始钱钟书就引经据典（这是他一贯的风格，也是他一贯的实力），用《广阳杂记》一书里的话来引起讨论的话题，然后还是跟以前一样，东西贯通。

他讲道，一般人并非因有幽默而笑，是会笑而借笑来掩饰他们的没有幽默。笑的本意，逐渐丧失；本来是幽默丰富的流露，慢慢地变成了幽默贫乏的遮盖。于是你看见傻子的呆笑，瞎子的趁淘笑——还有风行一时的幽默文学。

钱钟书将幽默文学提出来，可以说是很有见解的。因为当时的中国，各种文体都处于草创实验的阶段，在西方文化的冲击下，中国的幽默文学、风趣小品文都还没有真正意义地成熟。钱钟书论幽默，就是要将幽默的精髓挖给人们看，要人们进一步明了幽默文学的创作，这说明了钱钟书的时代性眼光。

他在文章中开始不客气地指责一些不负责任的文人——幽默提倡以后，并不产生幽默家，只添了无数弄笔墨的小花脸。挂了幽默的招牌，小花脸当然身价大增，脱离戏场而混进文场；反过来说，为小花脸冒牌以后，幽默品格降低，一大半文艺只能算是"游艺"。小花脸也使我们笑，不错！但是他跟真有幽默者绝然不同。真有幽默的人能笑，我们跟着他笑；假充幽默的小花脸可笑，我们对着他笑。小花脸使我们笑，并非因为他有幽默，正因为我们自己有幽默。

小花脸使我们笑，并非因为他有幽默，正因为我们有幽默。这句话说得再好没有了，承接上面一段对人们曲解幽默的讽刺，这句话的讽刺意味更加浓厚，也就更引人捧腹，在这样的文字面前，我们仿佛会感觉到身边站着一位极为睿智的老人，他脸色很平静，但眼神很调皮，仿佛在跟你玩眼神游戏，只是等他一张嘴，妙语连珠，我们只要尽情享受幽默就可以了。

1948 年，钱钟书终于出版了那本经营多年的《谈艺录》。这本曾经的"天书"以毛边纸做底料，以夹缝做衬托，在那种艰苦环境下写的。这是他抗战时期撰写的最后出版的一本著作。确如他在序文中说的"《谈艺录》一卷，虽赏析之作，而实忧患之书也"。后又不断修订，最后终于在抗战胜利后定稿。

《谈艺录》不是一本单纯的谈艺之书，而是一部学术著作，读此书需要很深厚的文学功底。此书以唐宋开始，但又不是笼统地认为哪种诗体好。他认为："唐诗、宋诗，亦非仅朝代之别，乃体格性分之殊。天下有两种人，斯分两种诗。唐诗多以丰神情韵擅长，宋诗多以筋骨思理见胜。"此亦是文学并不对立，只是我们的角度与性情不同而已。诚如冯友兰先生说的"中国哲学中我与非我并未分开"。艺术也是如此，唐诗与宋诗、唐人与宋人并未分开。而此书中定有西洋的批评在里面，或可说，也是"诠注中国诗学的创新之作"。

4

太阳依旧升起

很快，一件中国历史上最伟大的事情发生了。1949 年，中华人民共和国成立，当时的钱钟书三十九岁。

南怀瑾先生《论语别裁》："子曰：吾十有五而志于学，三十而立，四十而不惑，五十而知天命，六十而耳顺，七十而从心所欲，不逾矩。""四十而不惑"，到了四十岁已有了自己的判断力，要在"三十而立"的基础上更加地坚定。

清华文学院的院长当时是吴晗，他早就注意到了这个清华的高才生，正好清华当时在用人之际，于是召集贤士成为重中之重，而在他看来，钱钟书当是非常合适的人选了，于是吴晗多次盛情邀请,并托人给钱钟书带去信件。钱钟书起先不肯,一是他自己很谦虚,认为自己"财力有限",另外,他在上海的生活已经安顿下来了,也不想到处动。可吴晗实在太热情了,他不停地谈及清华与钱钟书的缘分,钱钟书终于心动了,光华很好,但没有清华好,这是钱钟书最后做出结论时候,跟自己说的话。

于是钱钟书从上海回到清华任教。此次北上,重回清华园,是他们全家一起的。除了1969年在干校的短暂生涯,钱钟书余生都在北京。北京对钱钟书来说,可谓是意义良多了。他重新踏上去北京的列车,心中有点激动。二十年前,自己也是差不多以这样的心境,从南边往北边走,那时候的自己还年轻,总觉得什么事情都是新鲜的,而如今自己已经成为一个丈夫和父亲了。他望着窗户外面飞速往后退的树,感觉那就是时光流逝的最好的比喻。

钱钟书来到清华的时候,叶企孙为清华校长(在此有必要解释一下,当时校长这一名称是校务委员会主任委员),吴晗任清华文学院院长,赵诏熊任清华外语系(当时外文系)主任。在此之前的系主任为陈福田,他辞职后离开清华移居夏威夷,于1951年逝世。对于钱钟书重回母校,可以借用诗句"王侯第宅皆新主,文武衣冠异惜时"来描述。他的关系圈几乎在北京,有很多志同道合的朋友。既然来到自己熟悉之地,但作为"客人"便去拜访沈从文、张兆和、梁思成、孙大雨等旧友。大家都很想念钱钟书,争先恐后地把他请到了家里来吃饭。

从 1949 年至 1953 年，钱钟书夫妇任清华大学外文系教授，在外文系授课并负责外文研究所事宜。这段时间虽然不长，但夫妻二人非常和睦，住宿也方便，他们将外文作为自己的专业，总是有互相会心的地方，这更加让他们情深意笃。

白天的工作并不是很繁忙，所以他们可以按各自的生活习性自由地生活。在外语方面，杨绛尽管是个高手，但跟钱钟书比，还是稍微有些逊色。但是她自己做学问的时候，却尽量不去问钱钟书问题。很简单，因为钱钟书几乎是无时无刻不在做学问，如果她有什么问题就立马去问，会打扰钱钟书工作的。

所以她遇到一般的问题就自己查字典，一本字典上没有，就查好几本字典，最后还没有头绪，她就会找个机会问问钱钟书。钱钟书几乎是有问必答，而且回答的总令人满意，这是跟他丰厚的学养分不开的。

清华成就了钱钟书，这里是他的一个梦，重新回到这里，他感到了些微的安慰。生活的平静能够持续多久？他们并不知道。即使是短暂的停歇，已足以令他们感到心安。

第 8 章

命运划破了谁的脸

1

被
风
吹
皱
的
生
活

在新的社会秩序下，很多东西开始被重建。人们带着欣喜的
心，去调整和感受。虽然不见得适应每一个步伐和调整，但总归
不再担忧害怕。

1952 年清华大学各院系调整，钱钟书夫妇的工作，在当时略
微显得有点"多余"。多余的意思有两层，第一，新中国的教育政
策是和以往不同的，为了将国家的经济先搞上来，需要对理工科
有足够的重视。钱钟书夫妇是研究文学的，所以他们的工作如此。
第二，外国文学的研究在当时并不是非常受重视，他们二人中英
文俱佳，从外文研究所退出来，也不为什么损失。他们都不擅长

跟人争，在这方面完全听从安排。

事实上确实如此，新中国成立之初，一切重大方针政策均有变动。教育上也实行改革，注重工科和自然科学。全国范围内进行大的改革，即全国高等学校院系调整措施。

清华也不例外，改为工科大学，文科部分并入北京大学。钱钟书夫妇被派往新成立的文学研究所。当初属于北京大学，后成为中国科学院社会科学部的一部分。

当时的所长是郑振铎，因为其兼任古代文学研究组组长，他对钱钟书是非常赏识的。有人曾经问郑振铎，为什么选钱钟书作为古典文学研究所的骨干。郑振铎说，"无论从眼界、学养的深厚程度，还是从人品上来看，我们都相信默存先生是我们需要的人，他肯定会给中国古典文学带来贡献的"。他于第二年将钱钟书由外国文学研究组调到古典文学研究组工作，钱钟书之后再也没回外国文学组。而钱钟书的才华，也的确如郑振铎所说，是尖子中的尖子。

很巧合的是，钱钟书此时的性情已经由"不平而鸣"到了"凡事不鸣"。他是一个传统学者，也是一位非常有时代意识的作家，但是在 50 年代初，他选择一种隐士的角色。钱钟书是一个精通历史的人，他敏感地觉察到，知识分子的命运大多不是由自己说了算的，尤其是在政权更迭的时期，更应该事事小心，处处留意。

但一个伟大的文学家必有高尚的人格做支撑，钱钟书对祖国的爱是任何情绪都代替不了的。他选择留在最亲爱的祖国，那么，留下来之后呢？到底是一条什么样的路在等着自己？钱钟书悠悠地想象，他起先躺在藤椅上，脚在地上有节奏地打着节拍，想到紧要关头，猛然收住脚，为何不做一下宋诗的译注工作？——钱钟书一直很喜欢宋诗，他觉得宋诗没有唐诗那么丰腴，但筋骨力道十分紧衬。如果说风骨是衡量文学作品的一个重要方面，那么，宋诗显然是在风骨方面强于唐诗的（这里的唐诗与宋诗。只是文学概念，不是时间概念。钱钟书先生在《谈艺录》里面提到，唐诗和宋诗是两种不同风格的诗罢了。唐朝也有宋诗，宋朝也有唐诗，这两个概念不是按朝代划分的）。

当钱钟书的这个念头从脑子里过了之后，他心情马上就变得轻松起来。他慢慢地走出家门口，槐树的叶子已经开始凋零了，一地黄色，踩上去有沙沙的感觉。

钱钟书情不自禁地把手伸出去，抓起一把叶子来，在鼻子前面嗅着，不是清香，是一种醇厚的、阳光般的味道。钱钟书不喝酒，但这时候他在心中对此打了一个比喻，叶子有涩有老，好比酒有新有旧，越是陈年的老酒就越有滋味。钱钟书忽然笑了，他想做一瓶陈年老酒，而不是一瓶太多年轻而没有什么味道的酒。

于是，从 1955 年开始，钱钟书编撰《宋诗选注》，其中选注了宋代最有代表性的 81 位诗人的 297 首作品。然后按照时间顺序先后，编出了次序。他对中国古代的文学批评理论有着很深的了解，但却不妄自品评。他不从唯心主义的观点上来考量，而是用唯物主义的观点，把有名气的诗人的名作展示出来，让人们欣赏。日后这一部著作出版之后，一时间洛阳纸贵，人们争相购买。钱钟书又一次为中国古代文化的传播作出了自己的贡献。

钱钟书自调到古典文学组后便开始着手编撰《宋诗选注》。《宋诗选注》作为 50 年代初期有意整理中国古典文学，出版集中普及性的古典文学丛书计划中的一部诗选，这项编撰任务是由郑振铎交给钱钟书的。他非常器重钱钟书，说这是新中国第一部关于宋诗的选注著作，一定要把这个工作做好，这样才能对得起全国的文学爱好者。钱钟书心中默然一笑，以自己的才力，将这个工作做好是丝毫不费什么力气的。

这部诗选于 1957 年完成编撰工作，1958 年印刷，至少在表面上来看，这本著作的完成过程还是十分顺利的。但是事实并非如钱钟书所愿，在很多问题上，这本书都经历了很多的争论。

钱钟书需要从中做出调解，任何一个有自我的文人都会把审美放到评论文学作品的第一位，但钱钟书迫不得已了。胡适在看了这部选注后说："他是故意选些有关社会问题的诗，不过他的注确实写得不错。还是可以看看的。"这本选注所选的篇目并非由钱钟书一人决定，而是由大家共同来决定的。当时参与遴选的有何其芳、余冠英和王伯祥等人，注和诗人小传均由钱钟书一人负责撰写。

钱钟书百般回旋，尽量提炼出诗中最为人称道的部分，所以反应还是相当不错的。下面举一两个例子来论证一下：说到范成大的诗，他说："范成大的风格很轻巧，用字造句比杨万里来得规矩和华丽，没有陆游那样匀称妥帖。他受了中晚唐人的影响，可是像在杨万里的诗里一样，没有断根的江西派习气时常还魂作怪。杨万里和陆游运用的古典一般还是普通的，他就喜欢用些冷僻的故事成语，而且有江西派那种'多用释氏语'的通病，也许是黄庭坚以后，钱谦益以前用佛典最多、最内行的名诗人。"

说一个诗人便联系到其风格的来源与影响，将一个诗人放到文学史上去进行评判，增加文学比较的内容，将诗歌评论的专业术语与平实的文风结合起来，给人以不一般的美学享受，钱钟书是一个细心的人，在这上面他总是为读者考虑。

另外，说到徐玑时，他认为其与字灵晖的徐照、字灵舒的翁卷、号灵秀的赵师秀并称为"四灵"，开创了"江湖派"。这是一个没有什么诗派特性的诗派，是一部很散的集子，而钱钟书从中发现了江湖诗派的历史地位。他后来又说宋诗经叶适鼓吹，有了

"四灵"的榜样，江湖派唐体诗风行一时，这在很大程度上削弱了江西派的势力。

最后讲到叶适，他说："我们没有选叶适的诗。他号称宋儒里对诗文最讲究的人，可是他的诗竭力链字琢句，而语气不贯，意思不达，不及'四灵'还有那么一点灵秀的意致。所以，他尽管是位'大儒'，却不能跟小诗人排列在一起。"

细数文人才子，能够感怀身世、关心生活、伤春悲秋的人并不鲜见。但是能够胸怀现世，洞悉历史，学贯中西，对古今人事怀揣独到见解的，少之又少。岁月的年轮每增加一环，他的学问便翻腾着向前跃进一大步。

2

穿过历史的永恒

殷海光说："看脚注就可以盘'老底'。"意思很简单，看一个人给诗加的注，就可以明显看出一个人的学养如何。这一理论被很多人称道，那么看《宋诗选注》的脚注，就可以盘钱钟书的老底了。

他的脚注写得确实是好，在此列举一二作为陈述。范成大的《催租行》中的"草鞋费"，从这个注便可看出其学问以及对中国唐诗宋词的谙熟。他说："'草鞋费'就是行脚僧有所谓'草鞋钱'，早见于唐代禅宗的语录（例如《五灯会元》卷三普愿语录）。宋代以后，这三个字也变成公差、地保等勒索的小费的代名词，就是《儒林外史》第一回所谓'差钱'。元曲里岳百川的'铁拐李'第一折差人张千向韩魏公说：'有什么草鞋钱与些些'，又写韩魏公骂他说："则我老夫身上还要钱买草鞋，休道别人手里不要钱。'"考据之详尽、有理，真是大家才能有的风范。

之后钱钟书接着在这个注里评这首诗说："参看柳宗元《田家》第二首：'里胥夜经过，鸡黍事筵席'；李贺《感讽》第一首：'越妇通言语，小姑具黄粱。县官踏飧去，薄吏复登堂'；唐彦谦《宿田家》：'忽闻扣门急，云是下乡隶……阿母出搪塞，老脚走颠蹶……东邻借种鸡，西舍觅芳醑。'唐彦谦那样具体细致的刻画也还不及范成大这首诗的笔墨轻快，口角生动。"意思是强调范成大的文风之淡雅精致，又有浓厚的田园气息。近代很多人都选过古人的诗来进行注释，比如范成大、李商隐、杜甫、李白，等等，其实无论给谁的诗进行加注，最重要的是写出自己的水平，而自己的水平是完全可以通过注释来体现出来的，如果想让自己写的东西达到被世人传颂的效果，就必须有大师的学养。

陆游《示儿》，诗云：

死去元知万事空，

但悲不见九州同。

王师北定中原日，

家祭无忘告乃翁。

这首诗是陆游临死前写的，称为绝笔。尤其诗的最后二句，传颂千古。钱钟书为这首诗做了个小注，兹录如下。他说："参看《剑南诗稿》卷九《感兴》第一首'常恐先狗马，不及清中原'；卷三十七《太息》：'砥柱河流仙掌日，死前恨不见中原'；卷三十六《北望》：'宁知草木拱，不见塞尘清'；卷三十八《夜闻落叶》：'死至人所同，此理何待评？但有一可恨，不见复两京'。"

钱钟书在此写评语说："这首悲壮的绝句最后一次把将断的气息又来说未完成的心事和无穷的希望。陆游死后二十四年宋和蒙古会师灭金，刘克庄《后村大全集》卷十一《端嘉杂诗》第四首就说：'不及生前见虏亡，放翁易箦愤堂堂。遥知小陆羞时荐，定告王师入洛阳。'陆游死后六十六年元师灭宋，林景熙《霁山先生集》卷三《书陆游放翁书卷后》又说：'青山一发愁蒙蒙，干戈况满天南东。来孙却见九州同，家祭如何告乃翁？'"这一注可以明显看出钱钟书的深厚的文化底蕴，如此旁征博引的例子不胜枚举。

另外，钱钟书对名诗《游园不值》也进行了经典的评析。

叶绍翁《游园不值》，诗云：

应怜屐齿印苍苔，

小扣柴扉久不开。

春色满园关不住，

一枝红杏出墙来。

这首诗十分有名，叶绍翁虽为小诗人，但这首诗，千古吟诵。对于这首诗的注，钱钟书写得十分不错。曰："这是古今传诵的一首诗，其实脱胎于陆游《剑南诗稿》卷十八《马上作》：'平桥小陌雨初收，淡日穿云翠霭浮。杨柳不遮春色断，一枝红杏出墙头。'不过第三句写得比陆游的新警。《南宋群贤小集》第十册有另一位'江湖派'诗人张良臣的《雪窗小集》里的《偶题》说：'谁家池馆静萧萧，斜倚朱门不敢敲。一段好春藏不尽，粉墙斜露杏花梢。'第三句有闲字填衬，也不及叶绍翁的来得具体。这种景色，唐人也曾描写，例如温庭筠《杏花》：'杳杳艳歌春日午，出墙何处隔朱门'，吴融《途中见杏花》：'一支红杏出墙头，墙外行人正独愁'，又《杏花》：'独照影时临水畔，最含情处出墙头'；但或则和其他的情景搀杂排列或则没有安放在一篇中留下印象最深的地位，都不及宋人写得这样醒豁。"想这样的注，若非对唐诗宋词十分熟悉是写不出来的，而且在书中类似的例子不胜枚举。

这本书的序言也是尤为值得叙述的。钱钟书对宋诗的真知灼见，在其序言中体现得淋漓尽致。如钱钟书说："批评该有分寸，不要失掉适当的比例感。加入宋诗不好，就不要选它，但是选了宋诗并不等于有义务或者权利来把它说成顶顶好，无双第一。"他善于借鉴中国古代白话小说的长处，用"顶顶好"来做形容词，不能不说是一种有意思的玩笑，很有意思。

另外，钱钟书从文学史的角度阐释宋诗，还说："宋诗的成就在元诗、明诗之上，也超过了清诗。我们可以夸奖这个成就，但是无须夸张、夸大它。"宋诗强于明代、元代和清代的诗，但不可以说宋诗强于唐诗，也未必可以说唐诗强于宋诗，它们都是很美的诗，是中华文化的瑰宝。在这里，钱钟书没有把唐诗和宋诗比较，可以避免很多不必要的争论。其实这两个观点可以用在一切的学术研究上。当然不仅是学术研究，也不仅是宋诗。

古希腊有位非常伟大的皇帝，亚历山大，大帝在东宫时，特别害怕自己的父王打胜仗，在别人看来可能是件好事。毕竟得了胜仗，便可扩充自己国家的领土，又加上是自己的父亲打了胜仗，应高兴才对。他却害怕自己无用武之地，从而失去自己的价值。

这点类似于钱钟书所说的，在后面，他将唐诗和宋诗拿出来比较："有唐诗做榜样是宋人的大幸，也是宋人的大不幸。看了这个好榜样，宋代诗人就学了乖，会在技巧和语言方面精益求精；同时，有了这个好榜样，他们也偷起懒来，放纵了摩仿和依赖的惰性。瞧不起宋诗的明人说它学唐诗而不像唐诗，这句话并不错，只是他们不懂这一点不像之处恰恰就是宋诗的创造性价值所在。"

钱钟书在序言中写到了遴选宋诗标准：押韵的文件不选；学问

的展览和典故成语的把戏也不选；大模大样地仿照前人的假古董不选；把前人的词意改头换面而绝无增进的旧货充新也不选；有佳句而全篇太不匀称的不选；当时传诵而现在看不出好处的也不选。这几个标准实在是太实用了，学问的展览和典故成语，没有大用，只是说理的一种小手段，不堪大用。所以钱钟书不选这样的诗，大模大样仿照前人的假古董不选，这一条是非常需要勇气的。因为这需要选诗的人有极强的辨别能力和鉴赏力。把词意改头换面而绝无增进的诗，这类是比较容易选出来的，但对学者的见识又有很大的挑战，有的诗在此处看来很恰当，很可能是剽窃前人的，其实作者本人未必有什么才华，让这样的人名垂千古，简直是对学问的侮辱。有好的句子，却没有整体美感的作品同样不选，每个人都有灵感，能写出好一点的句子，可最终一首诗的好坏是从全篇来说的。最后一个，可能是钱钟书稍微有些无奈的做法。

有句话说教学相长，钱钟书自从调离清华，就没有教书。很多在课堂上才能悟到的东西他得不到了，但是他的思想并不穷匮。因为他已经到了自己领悟的年纪，他有了异于常人的经验。任何事物都有两个方面，对于学生而言没有钱钟书的课堂是一大损失和遗憾；对于他本人可能也是一种遗憾，但也未尝不是一件好事。因为在当时可能因为一句不经意的话就会惹来祸端。尤其钱钟书个性耿直，心直口快，偏好一些臧否人物，在学校这样一个环境下，很容易被捉到小辫子。

《宋诗选注》于 1957 年春编完。当时钱钟书的父亲被批斗，所有的日记、文件等被毁。不久，其父生病住院，在武汉。钱钟书在去看望的途中赋诗《赴鄂道中》五首。这些诗可以反映出其当时的心情，兹录如下：

路滑霜浓唤起前，老来离绪尚缠绵。
别般滋味分明是，旧梦勾回二十年。

晨书暝写细评论，诗律伤严敢市恩。
碧海掣鲸闲此手，只教疏凿别清浑。

白沙弥望咽黄流，留得长桥阅世休。
心自摇摇车兀兀，三年五度过卢沟。

弈棋转烛事多端，饮水差知等暖寒。
如膜妄心应褪净，夜来无梦过邯郸。

驻车清旷小徘徊，隐隐遥空碾懑雷。
脱叶犹飞风不定，啼鸠忽噤雨将来。

3

峥嵘微露

不是每一件好的事物，都能在适当的时候引起大众的共鸣，这造就了文人的失落，也促成了文人的坚守。

钱钟书万万没有想到，自己辛辛苦苦写出来的东西却没有得到相应的承认。《宋诗选注》出版后在中国遭到批判，遭到批判的原因是因为钱钟书没有用唯物史观来解释缘由。其实钱钟书在历史唯物主义与唯心审美主义之间已经做出了极大的协调，至于最后的定稿，他还是倾向于中国传统的审美理念，他说自己拿出很多人来做例证、做对比，就已经是用唯物主义的观点了。可是给他加这顶帽子的人丝毫不留情，不听他的争辩，对这本书大加贬斥。钱钟书非常伤心，但他忍着，只有在夜深人静的时候，他才用颤巍巍的手把已经出版的《宋诗选注》拿出来，亲切地摩挲，这是他心血的结晶啊。

幸好有杨绛在，她知道丈夫的委屈与无可奈何，她对钱钟书说道："无论他们怎么看，我是知道你的，这本书我也看过，比什么历史唯物主义强多了。"钱钟书点点头，他知道杨绛始终是了解自己的，他对这件事情从没做过任何评价，在心底，他认为这就是命运的悲哀。

杨绛说："世界是不可知的，你认为呢？"

钱钟书说："如果确定世界是不可知的，就说明世界是可知的，如果不确定，那还是说明世界是不可知的，确定与不确定的结果是一样的，所以世界是不可知的。"在这种情况下钱钟书都能拿事来说笑，杨绛对他的说法深以为然。

《宋诗选注》没有得到大部分人的认同，但一些有名的外国学者则对这本书大加称赞。比如在日本，吉川幸次郎和小川环树对于这本书都给予了很高的评价。在对钱钟书这本书的评价上，他们都给出一个学者应有的赞美："毫无疑问，中国应该以钱钟书为骄傲。这本书里体现出的作者的广阔的研究视野与通俗的风格，具有相当大的吸引力，这本书填补了宋诗研究的很多空白，尤其是比较文学的阐发上面，钱先生的才力是我们日本人万万不及的。"这话说得非常谦虚，但多半都属实。

编撰完《宋诗选注》之后，钱钟书还写了二三篇学术论文。其中有一篇较为出色且体现其高素养。钱钟书依然有坚决的创作力，他将自己的论文给父亲看了，钱基博非常欣赏。尽管已经不是因为父亲夸奖就高兴一整天的孩童，但钱钟书依然很高兴。

另外值得一提的事情是，钱钟书的父亲钱基博与林琴南是反对胡适倡导白话文运动的同道中人。对于文言文的坚守使得他们名气大增，又显得那么不识时务，只不过他们的关系并不好，有时矛盾会十分激烈。有一年本拟钱基博去北京师范大学执教，但是林琴南在其中作祟，导致钱基博没有去成。钱基博非常恼怒，但也无可奈何。

另外，钱基博的著作要在上海商务印书馆刊布，但也因为林琴南而作罢。钱钟书的另外一篇论文《林纾的翻译》，一点没有不平之处，也没有因其得罪父亲而公报私仇。钱钟书说这"已经是文学史上公认的事实"，他也并非因为林对其父亲的不公而去研究林，甚至于去"找碴"。他自己说是林翻译的小说让他感兴趣，让他有读原著的欲望。

他说："最近，偶尔翻开一本林译小说，出于意外，它居然还没有丧失吸引力。我不但把它看完，并且接二连三，重温了大部分的林译，发现许多值得重读，尽管漏译误译随处都是。"而且林在翻译的作品里的不忠实的地方，他却认为并非其语言文化程度低，相反却有着能够表达狄更斯的风趣。他始终认为即使在今日，林译的小说还是很值得一读。

钱钟书对林写过这样的评语，他说："译者运用'归宿语言'的本领超过原作者运用'出发语言'的本领，或译本在文笔上优于原作，都有可能性。最讲究文笔的斐德就嫌爱伦·坡的短篇小说词句凡俗，只肯看波德莱亚翻译的法文本；法郎士说一个唯美派的少年告诉他《冰雪因缘》在法译本里尚堪一读。虽然歌德没有承认过纳梵尔法译《浮士德》比原作明畅，只是旁人附会传讹，但也却有出于作者亲口的事例。惠特曼并不否认弗莱里格拉德德译《草叶集》里的诗也许胜过自己的英语原作。博尔赫斯甚至赞美伊巴拉把他的诗译成法语，远胜西班牙语原作。惠特曼当然未必能辨识德语的好歹，博尔赫斯对法语下判断却有资格的。哈葛德小说的林译颇可列入这类事例里。"

各种忙碌过后，剩下的，就是自己咀嚼自己的经历了。让钱钟书始料不及的是，尽管自己喜欢一种比较安静的生活，但名声在外，身不由己。他的《宋诗选注》凭借着深厚的历史感与独到的见解没有让人承认，但这让钱钟书静谧的心思起了波澜。

他再一次回到了"大地"上，这本书使他自己很得意，而其中涉及意识形态的一些问题，竟然也带来了不少苦恼。或许人生就

是这样地可遇不可求，很多东西本来已经确定了的，但不知何时

何样的一个变故，就会将所有的一切翻过来，人生的奇妙与无可

奈何都是这样。

4

沙漠不荒凉

让钱钟书没有想到的是，生活的无奈才刚刚开始。

不久，"文革"开始了，这次中华文明的灾难将一大批博学多识的知识分子推向了深渊，钱钟书和杨绛同样没有能够幸免，据杨绛《我们仨》回忆：

我和钟书先后被革命群众"揪出来"，成了"牛鬼蛇神"。阿瑗急要回家看望我们，而她属"革命群众"。她要回家，得走过众目睽睽下的大院。她先写好一张大字报，和"牛鬼蛇神"的父母划清界线，贴在楼下墙上，然后走到家里，告诉我们她刚贴出大字报和我们"划清界线"——她着重说"思想上划清界线"！然后一言不发，偎着我贴坐身边，从书包里取出未完的针线活，一针一针地缝。她买了一块人造棉，自己裁，自己缝，为妈妈做一套睡衣；因为要比一比衣袖长短是否合适，还留下几针没有完工。她缝完末后几针，把衣裤叠好，放在我身上，又从书包里取出一大包爸爸爱吃的夹心糖。她找出一个玻璃瓶子，把糖一颗颗剥去包糖的纸，装在瓶里，一面把一张张包糖的纸整整齐齐地叠在一起，藏入书包，免得革命群众从垃圾里发现糖纸。她说，现在她领工资了，每月除去饭钱，可省下来贴补家用。我们夫妻双双都是"牛鬼蛇神"，每月只发生活费若干元，而存款都已冻结，我们两人的生活费实在很紧。阿瑗强忍住眼泪，我看得出她是眼泪往肚里咽。看了阿瑗，我们直心疼。

在万般无奈的情况下，之后自己的女儿来照顾钱钟书和杨绛。这种对知识分子的残酷剥削竟然升级到了如此的程度，而更为让人惊心动魄的还在后面。

一九七四年的一月十八日下午，我刚煮好一锅粥，等阿瑗回来同吃晚饭。校内"批林批孔"，运动正值高潮。我听到钟书的呼啸和平时不同，急促得快连续不上了。多亏两家邻居，叫我快把

"爷爷"送医院抢救。阿瑗恰好下班回来，急忙到医院去找大夫，又找到了校内的司机。一个司机说，他正要送某教师到北医三院去，答应带我们去抢救病人。因为按学校的规则，校内汽车不为家属服务。

我给钟书穿好衣裳、棉鞋，戴上帽子围巾，又把一锅粥严严地裹在厚被里，等汽车来带我们。左等右等，汽车老也不来。我着急说："汽车会不会在医院门口等我们过去呀？"一位好邻居冒着寒风，跑到医院前面去找。汽车果然停在那呆等呢。邻居招呼司机把车开往小红楼。几位邻居架着扶着钟书，把他推上汽车。我和阿瑗坐在他两旁，另一位病人坐在前座。汽车开往北医三院的一路上，我听着钟书急促的呼啸随时都会停止似的，急得我左眼球的微血管都渗出血来了——这是回校后发现的。

到了医院，司机帮着把钟书扶上轮椅，送入急诊室。大夫给他打针又输氧。将近四小时之后，钟书的呼吸才缓过来。他的医疗关系不属北医三院，抢救得性命，医院就不管了。钟书只好在暖气片的木盖上躺着休息。

送我们的司机也真好。他对钱瑗说：他得送那位看病的教师回校，钱老师什么时候叫他，他随叫随到。钟书躺在宽仅容身的暖气片盖上休息，正是午夜十二点。阿瑗打电话请司机来接。司机没有义务大冬天半夜三更，从床上起来开车接我们。他如果不来接，我们真不知怎么回小红楼。医院又没处可歇，我们三人都饿着肚子呢。

裹在被窝里的一锅粥还热，我们三人一同吃了晚饭，钟书这回不呼啸了。

一家三口，居家食粥，但这样也没能够将二人的情感疏散，在那种黑暗的日子里，钱钟书的健康全落在杨绛一个人的身上，因为是哮喘，更要格外留心，一不注意就可能引发大的后果，杨绛十分担心。可是她不知道，正是因为她对钱钟书的好，差点让自己掉进无底的深渊。

当时钱钟书被人扣上一顶帽子，于是钱钟书被人剃了光头，游街。钱钟书和杨绛都觉得自己冤枉，但是有冤无处诉，只能忍着。最后杨绛想出一个办法，在批斗钱钟书的大字报下面贴上了一张小字报，为钱钟书辩护。结果这个行为被人抓到，杨绛被剃了一个不伦不类的阴阳头，二人经常戴着帽子四处游行，受尽了折磨。最严重的时候钱钟书因为受了风寒，哮喘发作，差点就喘不过来气了，多亏认识一位医生，打了几针才好。

在生死边缘，在如此艰难的条件下，杨绛和钱钟书从没改变过自己的初衷。夫妻情深，在当时风声鹤唳的年代，这是非常难得的。而更为难得的是，他们的女儿钱瑗始终不离开二人。

阿瑗在当时是"拉入党内的白尖子"，任何革命团体都不要她；而她也不能做"逍遥派"，不能做"游鱼"。全国大串联，她就到了革命圣地延安。她画了一幅延安的塔寄给妈妈，在"文革"中，她尽了自己最大的努力，没做一件亏心事，这是钱钟书和杨绛喜欢看到的，自己的孩子有一个坚定而善良的人格。

在那场暴风雨中，中国大地上演了很多黑色的悲剧故事。在这其中，钱钟书一家的命运，并不算悲惨。但是身处困境，他们更加体会到彼此的温暖，也更加期盼明天的太阳升起。

第 9 章

雨停了就歌唱

1

白云和蓝天都是新的

1978 年，中国社会科学院代表团参加欧洲汉学大会，而钱钟书就是里面的佼佼者。当时出国人选的确定是一大难题，国文好的学者，英文未必好，英文好的，却很少涉及中国文化，而钱钟书却是一个例外，所以当时派了他跟夏鼐、许涤新等人参加大会。

每个人都需要交出一篇论文，钱钟书的论文题目是《古典文学研究与现代中国》。他的题目新颖而有趣味，一分发到与会者手中，就引出一片啧啧称赞的声音。轮到钱钟书上去演讲的时候，他正了正自己的眼镜，缓缓走上讲台。他说："我是研究中国古典文学的，如果说现代的中国对古典文学的兴趣十分浓厚的话，或许会说我是职业上的偏见，或许说我夸大其词，来故作玄虚，不过——"

钱钟书拉长了音节，他的英文非常流畅，纯正的英国发音，十分动听，因此大家都仔仔细细地听着，生怕漏掉什么重要的内容似的。

"不过，前几天，当《唐诗选》出版的消息被报道出来之后，北京书店门口全是排起来的大队伍，他们是在干什么？是想抢这本古典文学著作，我们在座的有些外国记者肯定对此事进行过报道。"讲台下面的外国友人开始微笑，他们被钱钟书的幽默打动了。

"我还可以拿出一个证据来，证明中国人的兴趣是广泛的。莎士比亚研究在中国已经进入到了一个新的时期，成果也越来越多，恐怕有的学者还可以跟英国本土的专家一比呢。中国是一个善于学习的国家，我们的哲学指引者，是马克思，我们的主义，是马克思列宁主义。尽管在运用方面，有些人对这个仍有误区，但毋庸置疑的是，这是中国思想的主流，这是中国学术的特色与关键。"

同时，钱钟书还体现出来中国文人的那种固有的谦虚与包容情怀，他说："我们不得不承认，在某些方面，外国文学家做得比我们要好，比如，直到如今，我们还没有一部大型的'中国文学史'，这对浩瀚的中国文化来说无疑是一个遗憾，比如我们的诗歌编辑工作做得还不够好，新的版本不多，且精致程度不够，另外，很多十分重要的作家传记仍然是个空白，这都需要大量的工作。真正需要我们去做检讨的就是如何理解别人眼光的问题，不得不说，很多外国学者对于中国的研究，是很有见解的，而我们却对他们的研究没有一个全面的认识，甚至，没有认识的机会。"钱钟书的诚恳与谦虚引起了一阵阵的掌声，他的确是在说自己的心声，在十年浩劫中，他受的苦、中国文人受过的苦还历历在目，文化的脆弱性让他幡然自省。

因为会议是在意大利召开的，意大利语也是钱钟书的专长。当他提到意大利作家的名字时，不用英语，而是用标准的意大利语表达，其口音的纯正让大家惊叹。

为了活跃气氛，也说明中国人的性格，钱钟书讲了孔融的故事："中国古代有一位神童，他的名字叫孔融，一些研究中国文化的专家，对这个名字是毫不陌生的。十岁的时候，他去一个政府官员家做客，对于对方提出的问题，他对答如流。这使得在座的大人们十分惊奇，一个乳臭未干的小子，竟然有这样的见识，实在是太难得了。为了考验他，其中刚到的一个大人说，人小时候非常聪明，未必是件好事，很多人在小的时候非常聪明，到了老却越来越笨。他刚说完孔融就接上话了：'以您的意思，您小的时候是很聪明的喽？'"

钱钟书停顿一下，给听者以反应的时间。他讲到了孔融，却对孔融让梨的典故丝毫没有提及。这说明在说话前，他是经过考虑的。他认为，孔融口才好的这个故事，应该更能对外国人的口味。接下来，钱钟书就露了一手，他说："在文艺复兴时期，有个人叫包其奥的，写了本《诙谐录》，说一个十岁的小孩子去见教皇，教皇见他应答自如，十分欣赏，而一旁的红衣主教则说，像这样聪明的孩子，长大了可未必聪明呢，可能变成一个十足的大笨蛋。那十岁的小孩转过头来对红衣主教说：'您老人家当年一定是个绝对聪明的孩子！'"

在场的人哄然大笑，钱钟书讲后一件事，是有自己的考虑的，这两个故事如出一辙，连里面的主角都是十岁的孩子，这无疑会有利于消除外国人对中国的隔膜。

晚清之后，蓝眼睛视野中的东方世界，便有了灰暗的基调。扭转他人的看法，并非钱钟书一人所能完成。但是他依然神采飞扬，用最好的状态做了最恰当的呈现。

2

曾经足迹踏遍

不能不说，钱钟书对西方国家是有感情的，那是他的足迹曾经踏遍的地方，也是他的心灵接受二次启蒙的地方。

他深情地告诉来听讲座的人："我喜欢西方的文学，因为西方有过那么多伟大的作家，他们的思想是时代的结晶。我认为，中西方的文学家应该加深交流，互相照明，只有这样，才有利于世界文化的繁荣。意大利有句谚语，傻和尚点灯，越多越不明，我们不做傻和尚，我们做真智者。"钱钟书幽默风趣的语言和渊博的知识，征服了在场的所有人。大家发出频频的赞叹声，就这一个中西方打通的例子，除了钱钟书，想必不会再有人知道了。

接下来是回答各个国家的学者提问的环节。其中有一位非常"调皮"的法国学者，用中文问了钱钟书几个问题。钱钟书莞尔一笑，立即用更加流利的法语回答对方的提问。对方听完之后，大声感叹道："他知道的法国的东西，比我还要多！"这句话一说出来，整个会场都沸腾了。他们不知道，在经历过如此多的灾难之后，中国学者之中还有这样的出类拔萃的人物，大家先是震惊地赞叹，继而表达衷心的敬佩，这是中国学者的风貌，钱钟书真的做到了。

以钱钟书为代表的访问团，展现了新时期中国学者的良好风貌与渊博的学识，新中国在国际舞台上的姿态，因这些人而矫健。

这次会议十分成功，钱钟书回国之后，受到了热烈的欢迎。之后，中美建交，不久，中国社会科学院代表团访问美国，钱钟书自然是在必去的人的行列中。

1979 年，中国社会科学院一行人来到美国的哥伦比亚大学，进行学术访问。接待钱钟书的是夏志清，夏志清是耶鲁大学的文学博士，凭借自己的才华在美国任教，路走得非常顺畅。因为他跟钱钟书是老朋友了，所以安排他接待钱钟书。

地点是哥伦比亚大学的一个会议室里，大家知道钱钟书来了，争先恐后地涌进会议室，小小的会议室被三四十个人占得满满的。钱钟书见过无数次大场面，对此却丝毫没有显示出那种故作高深的样子，他的表情诚恳实在，使人一看就是一个虚怀若谷的人，当他进门的时候，所有人都站起来为他鼓掌。他面带含蓄的微笑，用英语跟大家打招呼，很自然地坐下。

有一位外国女学生知道钱钟书对于中国古典文学有着深厚的底蕴，便问道："钱先生，听说您有过目不忘的本领，我很佩服，不知道您可不可以指点我几招？"钱钟书莞尔一笑，说道："过目不忘，是神仙的本事，我没有这个本事，如果说我有什么特点，我想我可能善于打通自己的知识吧。我们中国以前有位孔子，他说，三人行，必有我师，就是说，随便在大街上走着的几个人里，肯定有比我某方面强的人，所以指点你我不敢说，但你可以提出你的问题来，我们讨论一下。"

钱钟书为人十分有主见，但从来不主动卖弄，这样的一番回答，让下面所有的人都十分感佩，另外有一些人开始跃跃欲试，想跟钱钟书谈论一番。

那位女学生接着说道："钱先生真是一位谦虚的学者，那么，我现在正在研究你们的一本书，叫作《平妖传》，我想听一下您对这本书的看法。"

"首先，我对你的这个选择表示感谢与赞赏。这是我们国家明代最好的一部小说，这本书不仅体现出来十分博大的时代内涵，而且情节设计十分合理，具有优秀长篇小说的风采。但是，我不得不说，这本书的后半部写得远远没有前半部有味道，这或许是中国长篇小说的一个通病吧，《水浒传》、《三国演义》都有这种嫌疑，唯一的例外可能是《红楼梦》，只不过《红楼梦》的后半部早就散失了，我们今天读到的本子都是后人续完整的。"

那人听完后，大为折服，她本来以为《平妖传》在中国既不是长篇名著，也不是什么奇书，钱钟书应该不会有什么印象的，可现在看来，他对这本书竟然熟悉到家了，传说中的过目不忘，可能真的是如此。

讲座非常愉快地进行，在非常愉快的气氛中结束。从哥伦比亚大学出来，钱钟书一行人去了哈佛大学、伯克莱大学演讲，最后来到了斯坦福大学。斯坦福大学的演讲跟在哥伦比亚大学的差不多，同样的会议室，同样的观众，甚至，还有同样的问题。

一位研究中国古典小说的女士问钱钟书，对中国第一奇书《金瓶梅》有什么见解，因为自己的博士论文就准备写关于这部长篇小说的读后感。钱钟书扶了扶自己的眼镜，缓缓开口道："《金瓶梅》是一部非常好的现实主义小说，不仅仅是细致描绘了当时社会的风俗人情，这本书还是中国小说的一个里程碑，其中的描写手法，甚至人名、回目，很多被《红楼梦》所借鉴，可以说，这本书为《红楼梦》的辉煌打下了基础……"

十分善于读古典小说的钱钟书滔滔不绝地讲着，其他人静静地听，听君一席话，胜读十年书，应该就是这种感觉吧。

同时，钱钟书不忘自己那幽默风趣的风格，他接着说道："但是在中国，《金瓶梅》并没有得到应有的认同。传统的文人一听其名，立马先露出鄙夷的神情，仿佛这是一剂毒药，他们认为这部书是淫书，是会让人变坏的。我听说有位老师讲《金瓶梅》，立马吓了一跳，男女之事怎么在课堂上教？"

钱钟书话音刚落，满堂大笑——并不是嘲笑的笑，而是敬服的笑，人们在钱钟书身上不只看到了一个传统的、渊博的知识分子形象，而且还看到了一个善于戏谑、接受过西方教育的钱钟书。这个故事传出来之后，有人对钱钟书的做法非常不屑，认为丢了中国知识分子的脸，其实他们哪里知道，钱钟书是在给中国知识分子长脸，——起码，他证明了中国的知识分子不都是古板、老气的。

上面的两个故事都是关于中国古代小说的，这其实不是钱钟书仅有的"表演"。之后的演讲中，他将自己读中国小说的体会一一列举，尤其是用历史考据的方法，将书上的不合理之处列举出来，最引人注目的还是关于《金瓶梅》的例子。他讲到作家的时代性错误的时候，毫不留情地对这本书第三十三回里面的谚语提出了质疑，"南京沈万三，北京枯树湾"。书中讲明故事发生在北宋时期，是跟这个谚语有冲突的。"但是，"钱钟书并没有因此而宣扬自己的考据功夫有多深，多么善于从细节入手进行研究，他继续说道，"这并不影响读者们从审美的角度来认识这本书，读者要对作者怀有'包容'性的情怀。……"

带着对祖国的敬意，钱钟书和自己的"伙伴们"从美国回来，他们的任务完成得很好，也很动人。要知道，这次出访，不仅仅是学术化的行为，更是一次外交行为。钱钟书等人的表现是直接关系到外国友人对中国的看法的，而访问团的人尤其是钱钟书并没有让人失望，中国的知识分子在经历了十年浩劫之后，重新登上了世界的舞台。

托起旭日的手

在钱钟书的好友之中，夏志清算是相交最诚挚的一位了，两人从年轻时候结友到老，一直保持着书信来往。夏志清是位文化极其渊博的学者，在中国古典小说的研究上，颇有独到的见解，他写的《中国古典小说导论》可以说是中国古代文学研究的扛鼎之论，而钱钟书也是喜欢中国古典小说的，二人一拍即合，经常探讨。

在钱钟书先生的一生中，夏志清一直扮演着一个非常重要的角色。在钱钟书去美国访问的时候，正是夏志清日日陪同他，让钱钟书感觉非常温暖，而在当时，夏志清与钱钟书之间发生过几件很有意思的事情，对我们认识钱钟书来说是非常有用的。

钱钟书是一个非常有骨气的人，他很有尊严，有远见，所以他的主见是建立在道理之上的，因而十分牢固。从哥伦比亚大学演讲结束之后，夏志清按礼数请钱钟书吃饭，老朋友了，钱钟书自然欣然前往。

席间钱钟书非常热情地向夏志清介绍国内的情况，尤其在文化学术方面，他称当时的中国处在学术繁荣的春天。夏志清和钱钟书不一样，他在国外留学之后没有回去，当钱钟书谈起这些事情的时候，他显得非常感慨。

听到国家发生的新事情，各方面工作的新局面，他十分欣慰，含着眼泪对钱钟书说道："这样最好，这样最好，中国身为世界级大国，不会那么容易被弄垮的，以前不会，相信以后也不会！"钱钟书正在剥一只虾，他从来没有责怪过自己的好朋友留在国外的选择，他停下手中的活，看着夏志清说道："中国必然不会垮，因为中国的文化是博大的，只要你记住自己是黄皮肤的人，无论在哪里，就都给中国长脸了。"夏志清低下头，过了半晌，才使劲点点头。

夏志清和钱钟书的交情一直持续着，且非常紧密。在钱钟书先生出版了小说和理论著作之后，名声大噪，加上本来在美国各大高校的演讲给人留下的深刻印象，很多名校都争相聘请他去担任老师，或者去讲学，夏志清就专门写信邀请他去。在信中，夏志清将钱钟书在美国的影响力形容一番，并且含蓄地说国内的条件可能不如国外好，还说美国高校的待遇是国内的几十倍甚至更多，等等。

这样的信件写了四五封，内容无非是劝钱钟书去美国。可钱钟书看完信之后，丝毫不为所动，他给夏志清的回信中说，自己已经七十多岁了，就不去凑热闹了，语气平淡，但是十分坚决。夏志清深为惋惜，对他来说，钱钟书与自己在美国享受好的生活，当是一件十分美好的事情，而他不知道，在钱钟书的心中，本土的文化气息才会让自己有更多的灵感与发现，外国不是自己的家。

可是钱钟书能够否决夏志清的提议，却不能阻止美国高校的一次次邀请。其中最为恳切的是普林斯顿大学，他们的条件非常优厚，优厚到了不可思议的程度——钱钟书去讲学半年，大学支付十六万美元的工资，这笔钱在当时不仅对平民百姓，就是对钱钟书来说也近乎于天文数字了。

另外，普林斯顿大学还承诺，钱钟书可以携带自己的夫人一起来，衣食住行都由学校里提供。而更让人不可思议的是，普林斯顿大学给钱钟书提出的工作时间十分之少，两星期一节课，一节课四十分钟，这么说来，半年的工作时间都不到十个小时！这个消息传出来之后，很多人都怂恿钱钟书，去普林斯顿试一试。夏志清又来信，说去待半年，又不是移民到美国，而且老朋友们可以叙叙旧，乃是十分切当之事。可是钱钟书却说："我一辈子都姓钱了，要那么多钱也没意思。"将普林斯顿大学的邀请给回绝了。

另外，英国一家出版社愿意出十万美金来买钱钟书先生的英文大辞典。那本词典相当之厚，并且几乎页页记满了钱钟书先生的批语。在他们看来，钱钟书先生的词典肯定有什么"魔力"，使得他如此博学多才，可钱钟书毫不犹豫地回绝了。

哥伦比亚大学好像是冲着钱钟书去讲学的交情，也拿出优厚的待遇邀请钱钟书去讲学。这事情当然是夏志清出面帮忙说情，可是钱钟书给夏志清的回信中说："我自从去年去了日本，常常自己思量，步入老年人的行列了，就应该安安分分地待着，不必到处乱走，卖弄学问了，更何况我的身体也是一天不如一天了，只想和家人好好待在一起，不想太多，……古代骑马游乐的人，固然兴致高，见识多，但是常年不回家，自然是不对的。李清照曾经说过，如今自己憔悴了，头发灰白，怕人看见我的又老又丑的模样，只能在夜间偷偷出去，我的心思，你应该能体谅吧……"

这封信仍然不失钱钟书一贯的幽默。

后来，常有人质疑他文字与言语中的讽刺，他从来都是一笑置之。若用心感受他的人生，看懂他的这一系列拒绝，就会知道，他胸腔里跳动的，是滚热的红心。

4

赤子的血依旧新鲜

　　重新走过自己年轻时候走的路，钱钟书感慨万千。他是一个在不同的疆域、不同的生活习俗中浸染过的人。比如他有点"洋气"的习惯是在早上喝一种印度的红茶，比如他喜欢穿西装打领结，他不拒绝接受西方的东西，但也从来不忘却自己的东西，清风明月，仍然是故乡的土地使人惬意。

　　所以，无论是在什么时候，他从来不抱怨国内的条件。这更是因为，他最大的乐趣在于寻求真理与学问。有人曾经问过他，黑格尔怎么样？钱钟书先对黑格尔进行了一番赞美，说他的辩证法精彩绝伦，是哲学里的机杼之学问。

"这么说，那您是对他佩服得五体投地喽？"钱钟书摇摇头："可惜他对中国的语言文法存有偏见，他认为中国的语言与文法太注重理性，而思辨性不强，更有甚者，就以此认为中国是没有辩证法的，中国人不会辩证思维。而我认为中国的语言文法是有辩证法的，这就是我不完全佩服他的原因。"

这就是一个对中华文化充满着最深情的热爱的赤子，他从这里走出去，又毫不犹豫地走回来，不带一丝灰尘，不沾一丁点歪风邪气，不妄自菲薄。他从容地游走在中西方文化的边缘，像一只采蜜的蜜蜂，汲取人世间的精华，酿成自己甜美的蜜，让世人品尝美好的滋味。

有人说，学者是最懒惰的人，因为他们从来不从事严酷的体力劳动，对社会生产力的发展没有一点贡献。其实，他们是世界上最勤奋的人。一个民族的希望在于大生产，在于经济的高速发展，但文明是维系一切的纽带，而学者就是将这条纽带打紧、拴牢，并且时刻警惕不让它松开的人。这么说来，人类的希望是在学者身上的。

整个20世纪80年代，钱钟书都是最炙手可热的话题之一，为什么？有三个原因。

第一个原因是《围城》的写成与出版。1980年，《围城》在人民文学出版社出版。这本风趣幽默、讽刺力量极强的小说立马成为人们茶余饭后的谈资，成为当时最畅销的书。

钱钟书的大名，本来基本上是在学者中间流传的。大家知道钱钟书善于思辨、中西方文学都精通，其他人基本不知道钱钟书。而在这本书出版之后，钱钟书一下子就"火"了。凡是喜爱读书的人，都以谈论《围城》为荣。但是钱钟书却不喜欢这种嘈杂无用的生活，这种名气是他始料未及的。如今经常有大量的信件涌到家中来，还有杂志社的采访，有时候竟会将他的学术计划打乱。这让他十分苦恼——他是真的苦恼，大凡真正痴心于学术的人，谁不希望有一个安静的环境来整理自己的思绪？

钱钟书的妻子杨绛先生曾经在《记钱钟书与<围城>》里讲到，有一位英国的读者读了《围城》之后十分喜欢，热心地写信给钱钟书。钱钟书却在回信中说，比如吃鸡蛋，你尝着鸡蛋好吃，那你自己明白就得了，为什么偏偏要寻找那只下蛋的母鸡呢？今天看来，这话很有意思，但当想到钱钟书先生因为自己的时间而苦恼的时候，我们的心中应该充满敬佩之情。

第二个原因就是《管锥编》了。这部书开始的时候分为四大本，后来钱钟书补订了很多内容，有五大本，成为文艺理论里面的皇皇巨著。而这本书的写作初衷，也使人想起他对黑格尔的评价，中国的语言文法不是外国人能够轻易搞懂的，黑格尔说中国的语言文法没有思辨性，那他就偏偏写出一部具有极强思辨性的巨著来，以验证黑格尔的荒谬！

　　另外，从《管锥编》的完成到出版，可以管窥钱钟书先生在治学方面的严谨与勤奋，他的材料几乎都是自己笔记上的，而他记录笔记的功夫，更是几乎达到了痴迷的地步。杨绛先生在《钱钟书是怎样做读书笔记的》一文中，对钱钟书的这种读书方式做了一个简要的说明，她写道："许多人说，钱钟书记忆力特强，过目不忘。他本人却并不以为自己有那么'神'。他只是好读书，肯下功夫，不仅读，还做笔记；不仅读一遍两遍，还会读三遍四遍，笔记上不断地添补。所以他读的书虽然很多，也不易遗忘。"钱钟书在很多的场合都表演过自己博闻强记的能力，如此看来，天赋固然重要，可勤奋同样是必不可少的。这是讲钱钟书先生反复精读书本的方法。

　　杨绛先生还提到，钱钟书先生"读书做笔记成了习惯。但养成这习惯，也因为我们多年来没个安顿的居处，没地方藏书。他爱买书，新书的来源也很多，不过多数的书是从各图书馆借的。他读完并做完笔记，就把借来的书还掉，自己的书往往随手送人了。钟书深谙'书非借不能读也'的道理，有书就赶紧读，读完总做笔记。无数的书在我家流进流出，存留的只是笔记，所以我家没有大量藏书"。这道出了钱钟书先生读书的第二个秘诀，那就是"借"。书非借不能读也，这也说明钱钟书先生是一个善于总结精华的人。

　　而最能体现出钱钟书先生东西贯通的一点，就是他对国外知识的重视。杨绛先生说过，钱钟书先生的"外文笔记（外文包括英、法、德、意、西班牙、拉丁文），除了极小部分是钟书用两个指头在打字机上打的，其余全是手抄。笔记上还记有书目和重要的版本以及原文的页数。他读书也不忽略学术刊物。凡是著名作家有关文学、哲学、政治的重要论文，他读后都做笔记，并记下刊物出版的年、月、日。钟书自从摆脱了读学位的羁束，就肆意读书。英国文学，在他已有些基础。他又循序攻读法国文学，从十五世纪到十九世纪而二十世纪；也同样攻读德国文学、意大利文学的历代重要作品，一部一部细读，并勤勤谨谨地做笔记。这样，他又为自己打下了法、德、意大利的文学基础。以后，他就随遇而读"。

　　"他的笔记，常前后互相引证参考，所以这些笔记本很难编排。而且我又不懂德文、意大利文和拉丁文。恰逢翻译《围城》的德国汉学家莫宜佳博士（Professor Dr. Monika Motsch）来北京，我就请她帮我编排。她看到目录和片断内容，'馋'得下一年暑假借机会又到北京来，帮我编排了全部外文笔记。笔记本共一百七十八册，还有打字稿若干页，全部外文笔记共三万四千多页。"

　　这段话有两个地方值得我们注意，一是钱钟书先生不只看英文的文章，他对法国、意大利、德国、西班牙等语言都有相当的研究，而且是不限于文学的，政治、哲学论文他都关注，真正的学者必然有一个立体的思维。二是德国的汉学家莫宜家在帮杨绛先生整理了一次钱先生的文稿后的反应，她"馋"得第二年又来帮忙。这从一个侧面反映了钱钟书先生学问的魅力，而这也正是一系列的美国高校高薪聘请钱钟书的原因，他们从钱钟书身上，看到了一个知识分子所能达到的极致。

第 10 章

末路上的温暖往事

他们仨

　　钱钟书是一个非常"宅"的人，如果能不出门，他绝对不会出去的，在家里窝着，看书，是他最大的消遣，也是他的理想所在。一道浅浅的门槛，对他来说就像是一道高墙，墙内是安稳平和的世界，自己宛如一个栖息的婴儿，随心所欲，肆意畅想，而一旦出了门槛，他就感觉自己好像失去了什么东西，安全感顿消。而常年的书斋生活让钱钟书患上了不少病，其中高血压让他十分苦恼。他在给夏志清的信中就经常介绍自己的健康状况，说自己常年服药，为的就是控制住高血压，想来身体不好应该多运动，但自己年纪大了，对此越来越不上心，最后干脆就不做运动，也乐得自在许多。

不喜欢出去跟人打交道，哪怕是再高的学府来请他，他都不为所动，他有自己的心性。

可是，有句话说得好，跑得了和尚跑不了庙，他的家在那里，是搬不走的，而人家来到家里做客，也是人家的权利。凡是来北京的大学者们，如果不见一见钱钟书就十分失落，所以钱钟书家中往往是来客络绎不绝。自从他打美国回来，家中就成了会客的场所，多数是美国人，为了一睹他的风采，都争相前来。钱钟书不堪其扰，十分痛苦，有时候甚至因外人带病毒入家而感冒。钱钟书有哮喘，一旦感冒，就很不容易好，但他从来不因为自己生病而对生活丧失乐观。

他乐观的源泉很简单，妻子与女儿。

钱钟书和杨绛的关系非常好，二人的感情朴实动人，再加善良、活泼的女儿钱瑗，三个人组成了一个幸福美满的世界。在钱钟书的心中，钱瑗和杨绛是自己一生中最重要的人，她们两个人将自己的精神支撑起来。无论在什么时候，一想到家中温馨的画面，钱钟书就暗然欢喜，仿佛世界上的恶都没有了，只剩下善良与美好。爱情在经历过风雨之后，成为了亲情，这就好比酒的提炼，最后剩下的，最甘醇。

钱钟书的病，各种各样，且不时复发。杨绛的身体也不大好，但她坚持照顾病中的钱钟书。到了夜深人静的时候，她会竖起耳朵仔细地听钱钟书的呼吸声。如果他的呼吸有杂音，说明哮喘开始犯，杨绛就准备好给他端水拍背。如果钱钟书的呼吸十分均匀顺畅，杨绛就会异常高兴。当然这种情况实在是不多见，钱钟书哮喘基本上一天犯一次，尤其是到了半夜，阴气上升，抵抗力下降，往往折磨得钱钟书大半夜睡不好觉。

杨绛的细心照料，使钱钟书仍有心思开玩笑。

从英国出生的女儿钱瑗，是二人的掌上明珠，而生长在如此的书香世家，钱瑗的学习功力十分不凡，她从小英语就好，长大成为一名知名的学者。据杨绛的回忆，钱瑗对自己的工作付出了所有的心血。学问是三人共同的爱好，而三人的关系更是这个家里的最大亮点。在家中，钱钟书不需要有任何的拘束，他们不分大小，甚至没有固定的称呼，可以随意取笑。杨绛说我们仨，却不止三个人，每个人摇身一变，可变成好几个人。她举例，"阿瑗小时候才五六岁的时候，我三姐就说：'你们一家呀，圆圆头最大，钟书最小。'我的姐姐妹妹都认为三姐说得对。阿瑗长大了，会照顾我，像姐姐，会陪我，像妹妹，会管我，像妈妈，阿瑗常说'我和爸爸最哥们儿！我们是妈妈的两个顽童，爸爸还不配做我的哥哥，只配做弟弟。'我又变为最大的。钟书是我们的老师。我和阿瑗都是好学生，虽然近在咫尺，我们如有问题，问一声就能解决，可是我们绝不打扰他，我们都勤查字典，到无法自己解决才发问。他可高大了。但是他穿衣吃饭，都需我们母女把他当孩子般照顾，他又很弱小"。

"他们两个会联成一帮向我造反，例如我出国期间，他们连床都不铺，预知我将回来，赶忙整理。我回家后，阿瑗轻声嘀咕：'狗窠真舒服。'有时候他们会引经据典的淘气话，我一时拐不过弯，他们得意说：'妈妈有点笨哦！'我的确是最笨的一个。我和女儿也会联成一帮，笑爸爸是色盲，只识得红、绿、黑、白四种颜色。其实钟书的审美感远比我强，但他不会正确地说出什么颜色。我们会取笑钟书的种种笨拙。也有时我们夫妇联成一帮，说女儿是学究，是笨蛋，是傻瓜"。

杨绛先生对于自己家庭玩笑的描写还有很多，比如她写钱钟书对钱瑗捣乱，将钱瑗的皮鞋放到床上的凳子上，并且塞满了东西，倒霉的是，被钱瑗抓了个正着，钱瑗就充当猎手，将自己抓获爸爸的事实报告给妈妈邀功，而钱钟书将自己的身子缩得不能再缩，笑得直不起腰来，嘴里还念叨道："我不在这里，我不在这里。"杨绛形容当时自己能隔着钱钟书的肚皮看到他肚子里的"笑浪"。

这是杨绛先生的描写，他们三人当真情意深浓，不分你我。如果我们知道这是在钱瑗和钱钟书都去世之后，杨绛的回忆的话，心中应该是另外一份滋味吧？斯人已去，是一种欲哭无泪的伤悲。

中国从不缺少感人肺腑之作，也从不缺少生离死别，可杨绛先生的这种描写，大有归有光《项脊轩志》的风采，并且在感染力上，丝毫不逊于后者。

2

死神穿堂而过

　　没有人能逃离生老病死的掌控。不知从何时开始，钱钟书的各种病频繁发作，这总归不是什么好的兆头。

　　有一天，他忽然觉得下半身十分痛疼。杨绛马上叫人帮忙送钱钟书去医院看病，检查结果出来之后，杨绛的手抖得几乎要拿不住病历本——钱钟书的左肾功能已经渐衰，需要切除。她自知这个消息没法隐瞒钱钟书，就对他说了。钱钟书听完不语，但也没有十分激动，他是在留恋自己的家，自己的妻子和女儿啊。

　　于一个家庭而言，这是天大的事情，但医生见惯了这样的情形，只是公式化地留下了一声询问："是立刻动手术？还是药物治疗，等过些天再切除？"

　　杨绛决定缓和一下再说，她向来沉稳大气，但是看到丈夫憔悴的脸，她的心乱了。等钱瑗知道这个消息，并处理完学校的事务迅速过来时，钱钟书已经躺在病床上。他面对女儿，不露一丝的痛苦。其实当时的医疗条件并不发达，病痛中煎熬的他十分痛苦，但面对女儿担心的脸，钱钟书还是咬牙忍耐着，不让女儿看见自己的脆弱。

　　可事情并没有如此结束，死神，还在伸着自己的魔爪，时时刻刻都想攫去钱钟书的生命。钱钟书出现了肾衰竭，并越来越严重，唯一的治疗办法就是实行肾脏切除手术，可是这个手术的风险要远远大于普通手术。做还是不做，成为钱钟书与杨绛心头犹豫的一件事，而钱瑗还以为自己的爸爸已经好了，现在在医院里面养病呢。

　　最终他们还是决定做，手术进行了六个多小时，钱钟书的左肾被摘除，可以不再受那病痛的折磨了，杨绛心中的一块巨石落了地。她也生病了，眼睛因为过度的操劳，时常模糊，可她明白，自己绝对不能倒下，钱钟书的希望，完全寄托在自己身上了！

　　而如此没把握的手术，最后成功，无疑是上天好生之德！杨绛越是如此想，越觉得浑身上下充满了力量，她日日夜夜陪着钱钟书，吃的饭都是自己从家中做好了带来的，她不想让钱钟书吃其他地方的饭，用她的话说，钱钟书的嘴"认生"，娇气得很。

1993 年春天钱钟书动了这次大手术，一直到夏天，才勉勉强强算是痊愈了。他迫不及待地想出院，回到家，他所有的美好回忆都是在家中，钱瑗跟杨绛，永远对他有温馨的笑容。

钱钟书出院了，最高兴的人是杨绛。钱钟书从生死边缘生还了过来，无疑是她的梦想，她高兴得连眼病都忘了。

身体恢复了健康的钱钟书，更加明白健康的重要性，也更加看重时间的宝贵。他心想，如果上天再给自己几年，甚至十年的时间，让自己完成想完成的事业，那该多好啊（当时《管锥编》仍有一小部分没有做完，这也成为至今仍然无法弥补的缺憾）。于是他趁着自己的体力还能勉强支撑着读写。

人生总有许多的无可奈何，生老病死是无可奈何中最无情的四种。钱钟书的确是老了，他有的时候会默默地站在窗户前面，看小孩子们嬉戏玩闹。他也是有过童年的，而且是十分精彩的童年，他想起自己的伯父的温和笑脸，想起父亲那严厉的面孔，想起自己的弟弟钱钟韩和自己一块上学的情境，然后，伯父去世了，父亲的脾气没有那么暴躁了，然后石屋里的和尚自己有些年头不玩了，然后自己的文章越写越有心得，父亲的运笔方法已经入不了自己的眼里，再往后，外国小说成为自己的最爱，多少个夜晚，就那么看英文小说，直到东方既白，吴宓、陈衍、夏志清等，学校好友与老师，还有罗家伦，他们当中还剩下几人与他相伴？牛津的图书馆，智慧的源泉，也应阔别了不知多少年了，他忽然有点后悔，在自己最后健康的时间里，没有再回到母校去看看，还有清华……

虽然是夏天，钱钟书还是穿着衬衫，闷热的风对他来说竟然有点凉丝丝的味道。可能是面前的树们太过于绿了，王维不是说空翠湿人衣吗？正是下午三四点钟的工夫，阳光的威力逐渐退去。钱钟书从屋子里往远处望去，他发现三条街之外的那一片槐树林子，以前是跟妻子散步，走过那树林，然后有了圆圆，三口人吃晚饭就去散步，现在槐树开花结果，叫作槐米，粒粒如米，青色喜人，应该可以入药的，他想起以往的拾荒者经常在树林子里勾槐米，晒干了就可以卖钱了。这么想着，钱钟书又有了一些悲伤，在那么一瞬间，他甚至想将自己的人生重新来过，每天都锻炼身体，延长寿命，改善体质……但理智告诉他这不过是无聊的瞎想，他不会浪费一分一秒的时间在其他地方的，他的追求永远只有一个，那就是学问。学问无止境，钱钟书耗尽了自己的整个生命，才有了这等成果。

耳边传来一声轻轻的叹息声，他不用转过头来也知道是妻子。女儿是不会这么轻柔地叹息的，她可能会拧住自己的耳朵，开玩笑说自己是老顽童，而妻子是温柔的。

"是不是想圆圆了？"杨绛问。钱钟书点点头，他说想妹妹了，妈妈，他自己和钱瑗是哥们儿。

当时钱瑗已经是有名的学者，回家对双方来说都是一种奢侈了，钱钟书有了油尽灯枯的感觉，杨绛怎能不知丈夫的心绪？她轻轻地用商量的口气问道："要不，咱下面的就不写了吧——"她的口气终归停顿下来了，他们都知道杨绛说的是《管锥编》，同样，他们都知道停下来是不可能的。钱钟书理解她的停顿，便无须再做回答，他要做下去，竭尽全力，如果死，也一定要死在书完稿之后。

可是命运又跟他开了一个大大的玩笑。

3

许你来生

不到一年的时间，钱钟书又生了大病。最开始是肺炎，在医院里住下来之后，做进一步检查的时候，医生在他的膀胱上又发现了三个肿瘤，并且是恶性的！医院马上针对钱钟书的病情进行会诊，经过一系列的讨论，专家们决定，等到钱钟书的肺炎症状减轻，就立马给他做手术。

终于，钱钟书的高烧退得差不多了。这次手术之后，钱钟书基本不能动了，他每天的事情就是待在床上，等待下一个明天的到来。然后伸伸胳膊，抻腿，力图做到以前健康的时候能做到的事情。但他基本已经做不到了，他的四肢与身体只有断断续续的片刻属于自己，其他的时间则完全不受自己控制。

最繁忙的还是杨绛，跟上次动手术一样，杨绛每天都要给钱钟书做饭送到医院，然后一口一口喂他吃下。这样的劳累让杨绛的身体很快进入极度虚弱的状态，为了给钱钟书一个好的心情，她从来不在钱钟书面前流露自己的辛苦。她曾经说过，自己一家三口人，角色都不是固定的，此时的钱钟书，便是自己的孩子，她要哄他，要替他仔仔细细地着想，不让他有一丝难过。

1995 年 7 月 13 日，是杨绛与钱钟书的结婚纪念日。钱钟书处在病中，自然忽略了纪念日之类的事情，不过他隐隐约约觉得有什么事情。早上起来，杨绛梳洗之后，照例先去看望钱钟书。钱钟书睡觉醒来，如果看不到杨绛，神色就会不好。

她来了，钱钟书躺在床上，表情是欢喜的。杨绛给他擦了脸，然后拉着他的手，和他说着闲话。她知道钱钟书不喜欢和生人说话，如果自己不跟他说说话，他心中会郁闷。说着说着，钱钟书仿佛困了似的，杨绛让他躺下，钱钟书眯缝上了眼。杨绛将自己的手抽出来，打开自己的提包，拿出一束红色的鲜花，轻轻地放在病床边的桌子上，她知道钱钟书认得红色，花的颜色。

凝视着钱钟书日渐枯萎的身子，杨绛默默地站着。她想起第一次见到钱钟书的时候，那时候他的眼睛蔚然而深秀，气质优雅，举止有风度，充满着朝气与活力。她想起坐轮船去留学，在牛津的点点滴滴，钱瑗的出生给自己带来许多压力，学问与家庭，都得操心。她又想起一家三口，互不打扰，各自工作的情境，那样的日子，永远也不会有了吧。钱钟书的笔记，自己总说要帮他订补的……

杨绛的眼里涌出了泪水，这泪水是因为伤心，也是因为幸福。她多想钱钟书重新站起来，然后两人挽着手，像以前一样出去散步啊，可是这一切都已经是泡影了，所有的记忆都随风飘来，让人五味杂陈……

钱钟书朝另外的方向侧着身子，杨绛怕他累着，帮他翻过来，却发现，原来钱钟书也已经是泪流满面，他缓缓地张开嘴，用英语说道："Diamond wedding……"对，是西方的"钻石婚"，原来他记得今天是什么节日！

杨绛深情地和钱钟书对望，二人同想，今生不足，许你来生……

杨绛毕竟是个乐观的人，她抹掉自己的眼泪，又想钱钟书是不是觉得太过于落寞？她用商量的口气对钱钟书说："找几个人来庆祝一下？"她说出这句话来就自我否定了，钱钟书是不喜欢热闹的。果然，钱钟书什么话都没说，只轻轻地摇了摇头。他最珍重的，还是夫妻二人的世界。

一对经坎坷的伉俪，在结婚六十年纪念的时候，竟然是如此地凄凉与落寞。或许人生就是这样，无论经历过什么，总有一个既定的结局在那里等着你。而身为人，唯一能做的就是将自己的心情调整好，去从容面对。杨绛与钱钟书都是旷达的学者，他们都明白这个道理。但是在人生的暮年，连最基本的生理状态都不能维持下去，连站起身来走几步都成为非常困难的事情之后，还有什么好说的呢？

钱钟书躺在床上，他想的最多的就是关于自己的成绩，宛如一个即将毕业的学生。他在衡量，上次动完手术之后，他就有过这种对生命的极度渴望。如今，希望一步步远离了自己。他想，这证明了两个事情。第一，世界本来就是悲观的。第二，自己的最大慰藉就是完成了多半部分《管锥编》。

钱钟书的人生已经逐渐枯萎，他这时候的生命状态跟几十年前肆意地对人生进行评判的状态已经迥然不同了。如今回头一看，钱钟书在病榻上的无奈就更加明显，他唯一剩下的，就是精神的力量了。

钱钟书曾经在风华正茂的时候写出《写在人生边上》，在里面他曾经将精神力量的来源与表现，以及关于精神力量的各种形态进行了畅想式的描绘。

他受老子的影响挺深，他说老子的"婴儿之未孩"的状态是最为开心的，因为这个时候，人的心境很单纯，没有被世界污染，没有被琐事打扰，纯净而且动人，物质的刺激根本不起作用。快乐是属于精神的，这句话钱钟书在病中也对自己这么说，他想起自己当年英姿勃发的时候，想起与亲朋好友踏青的时候，他坚决地对自己说，快乐是属于精神的。

"要是你精神不痛快，像将离别时的宴席，随它怎样烹调得好，吃来只是土气息，泥滋味。那时刻的灵魂，仿佛害病的眼怕见阳光，撕去皮的伤口怕接触空气，虽然空气和阳光都是好东西。快乐时的你一定心无愧怍。假如你犯罪而真觉快乐，你那时候一定和有道德、有修养的人同样心安理得。有最洁白的良心，跟全没有良心或有最漆黑的良心，效果是相等的。"

望着窗外周而复始的太阳月亮，钱钟书竭力用平和的心态来抵消心中的不平与担忧。他缓缓地抽动手臂，这个对平常人来说不费吹灰之力的动作，此时对他来说却像是在举千钧之鼎。手臂终于还是抬起来了，钱钟书立马觉得心脏开始急速地泵血，而脸上发热，仿佛有了出汗的迹象。钱钟书不敢多动了，他像是被征服了般重新躺下，等着杨绛的到来。

而杨绛不负期望，十二点多的时候，她提着饭盒如约而至。她非常小心地将饭盒放到病床边的柜子上，自然地微笑着说道："阿瑗又胖了。"她知道钱钟书此时关心的只有两个人，自己和女儿。自己好端端地站在钱钟书面前，她说女儿健康，钱钟书的心就放下了。钱钟书不止一次对杨绛说，他担心阿瑗出什么事。

钱钟书听完之后，脸色果然好了许多。他又想起自己那些对精神快乐的思考，他瞪着天花板，对杨绛说道："你说咱们过得快乐不啊……"杨绛听钱钟书如此一说，心中一惊，她想病人在病中，对世界的思考已经打上了阴暗的基调。于是她干脆岔开话题，尽量把话题往大了说。

她说："快乐的定义你比我清楚，那结果你肯定也比我清楚啦，你是我和阿瑗的老师，我们自然听你的。"她仔细看了看钱钟书的脸色，没有什么大的变化，便大胆说道："快乐在我们身边，我每天还能看到你，给你做饭吃，就是最大的快乐。我只是不明白公理——"杨绛故作不懂的样子，她其实知道，钱钟书在早年就对"公理"有了精辟的论证。她打开饭盒，拿出饭勺来，盛了汤，递给钱钟书。钱钟书不让杨绛喂，他喝了三口之后，觉得虚弱至极，于是示意杨绛停止送勺。杨绛便盛了汤，递到钱钟书的嘴边。钱钟书还惦记着杨绛关于公理的问题，他自然是对此十分熟知的。"公理发现以后……这话在我以前的文章里出现过的，你大约没看过吧……"杨绛摇了摇头："没有，那看你的记忆力如何了吧。"

钱钟书接着说道："公理的作用是让人有一个强大的准则依托，有了公理之后，从此世界上没有可被武力完全屈服的人。其实说到底，这是精神的作用，发现了精神是一切快乐的根据，从此痛苦失掉它们的可怕，肉体减少了专制。精神的炼金术能使肉体痛苦都变成快乐的资料。于是，烧了房子，有庆贺的人；一箪食，一瓢饮，有不改其乐的人；千灾百毒，有谈笑自若的人。……"

杨绛已经好几个月没有见到钱钟书一口气说这么多话了，她佩服自己丈夫博闻强识。钱钟书早年的那篇文章她怎会没看过，钱钟书所有的文章，她都是第一个读者呢。她对钱钟书的记忆力暗暗惊服，但是在另一方面，她又对钱钟书的健康万分担忧。说了这么多话，对病中的钱钟书来说可是极大的体力消耗，她明显地感觉到他的气息粗重了起来。于是她笑着说道："这就是苏东坡说的'因病得闲殊不恶，安心是药更无方'吧。"钱钟书赞同地点点头。

博古通今，各种印证顺手拈来，这就是当年意气风发的钱钟书，是那个精力充沛、思想锐利的钱钟书。而如今，他躺在病床上，只能依靠精神来活着了。活着，有时候并不是一种成全。

杨绛默默地给钱钟书喂完了饭，然后给他翻了身。她想起钱钟书在那篇文章的最后说的话：第一次害病，觉得是一个可惊异的大发现。对于这种人，人生还有什么威胁？这种快乐，把忍受变为享受，是精神对于物质的最大胜利。灵魂可以自主——同时也许是自欺。能一贯抱这种态度的人，当然是大哲学家，但是谁知道他不也是个大傻子？

　　是的，这有点矛盾。矛盾是智慧的代价。这是人生对于人生观开的玩笑，那么，钱钟书是个哲学家还是个大傻子呢？杨绛苦笑了一下。

4

韶音若逝

福无双至，祸不单行，1995 年，魔病开始缠上杨绛与钱钟书的女儿钱瑗，而且，是肺癌晚期……

钱瑗的病是在钱钟书的病房里觉察到的。为了过来给自己的好哥们儿爸爸排忧解难，钱瑗下课之后马上来到钱钟书的病房，十分亲切地跟钱钟书说话。钱钟书蜡黄的脸，见到钱瑗之后立马就红润了。他晃了晃自己的脑袋，表示自己仍然可以思考，可以开玩笑，钱瑗就笑了。

忽然，一阵隐隐的痛感从腰部传来，钱瑗拧了眉头，捂着腰在病床前的椅子上坐下。杨绛见女儿如此，连忙问怎么了。钱瑗摇摇头，她也不知道自己怎么了，腰在恍惚间像针刺的一样痛，忽然又像锤子打在身上，有的时候，却又感觉不到了。钱瑗以为是上课劳累，坐得太久的缘故，也没有怎么在意。杨绛也认为如此，她让钱瑗多回去休息，自己照顾钱钟书。

钱瑗回去之后，那种痛感又开始袭来。为了让母亲放心，钱瑗去医院做了一个检查，可结果却让她大惊失色，肺癌晚期。医生的口气不容置疑，说这病发现得太晚了，以至于癌细胞都开始侵蚀脊椎，这便是腰部痛疼的原因了。

钱瑗泪如雨下，不是因为自己病入膏肓，而是因为自己的父亲和母亲注定要失去一生的依靠。

她住院了，但她没有将自己的病情告诉父母，尤其是钱钟书。如果他得知自己的女儿这样，后果不堪设想。

可是该来的还是来了。第二年，钱瑗终于没能战胜病魔，死于肺癌。杨绛起先只知道钱瑗生了病，可是不知道竟然是这种病。她忍着强烈的悲痛，悄悄将这个消息隐瞒起来，不让钱钟书知道。然后，跟往常一样，每天下午带着自己做的饭菜给钱钟书补充营养。

内心十分敏感的钱钟书隐隐约约感觉到有什么不祥之事发生，可他猜不到是自己的女儿去世了。大约过了一个多月，钱瑗还是没有影子。钱钟书便问杨绛，圆圆为什么不来看自己？是不是身体不舒服？杨绛忍着泪水，对钱钟书说，圆圆的脑袋比我们都大，壮得很呢，不会有什么事的，可能是现在学校里的课程太多，她事务繁忙，脱不开身子吧！钱钟书听了，默不作声。

又过了十几天，钱钟书想女儿的心情更加迫切，他又问起女儿的事，杨绛编了个理由搪塞过去了。其实杨绛知道钱钟书的敏感，四十五天的时间里，钱钟书只问了两次关于钱瑗的事，这不是他，他心中肯定时时刻刻想念着自己的女儿。而之所以不提，是在预防自己的痛苦，不，是预防两个人的痛苦，他应该也不想两个白发人谈论死去的黑发人。

杨绛的泪水已经哭干了，可她丝毫不埋怨、不抱怨。只是钱瑗去世的消息始终没有告诉钱钟书，她觉得对钱钟书有亏欠。事情已经过了接近两个月了，如果再不将女儿去世的消息告诉钱钟书，未免对他太残忍。于是，一个计划在杨绛的心头产生，她要让钱钟书不知不觉地接受女儿去世的这个事实。

于是，生出这个想法的第一天，杨绛在钱钟书喝完汤后，有意无意地说道："圆圆这几天常去我那里帮忙做饭，你喝的汤就是她熬的，只是学业繁忙，她感觉有些不大舒服。"钱钟书一听女儿不大舒服，立马停止了躺下的动作："圆圆……是够累的，我拖累了她——"杨绛立马笑着对钱钟书说："谁还没有个大病小灾的，你也不必太顾虑，圆圆肯定能够照顾好自己的。"

钱钟书便不说话了，他开始想一些事情的时候就不说话。

过了两天，杨绛想，是时候把钱瑗的病情进一步透露一下了，便用开玩笑的口气问钱钟书："有人说圆圆的病情加重了，我也没顾得上去看她，我想明天去照顾她一下，你觉得呢?"她一脸轻松，仿佛根本没什么重要的事。钱钟书身体里某个部分被击打了一下，他的不好的预感开始复活。他没有接话，如果女儿真的有什么三长两短，自己又是这样的一副病态，受苦的还是杨绛啊，他默默地闭上眼。

然后杨绛没有再提关于钱瑗的事情，钱钟书也没有再问。他们彼此心照不宣，仿佛有了种难言的默契，他们都在为对方着想，他们两个心中都明白。

一星期之后，杨绛又开口了，她若有若无地说了句："圆圆走了。"然后以一副经历过极大痛苦的笑脸面对钱钟书。钱钟书理解杨绛的面容，他说："我料到了……"然后，钱钟书一个多月都没怎么说话。

在病榻上过完了自己的八十八岁大寿，钱钟书的健康状况逐渐恶化，他时常被烧得说胡话。比如，说想去三里河的家看看，背一些诗句，有的时候竟然好像跟人对话似的。杨绛仔细听听，原来都是钱钟书以前和钱瑗的对话。

1998 年 12 月 19 日，钱钟书再也没能经受住病魔的折磨，撒手人寰。三个人里面只剩下杨绛了，她遵从钱钟书的遗嘱，不铺张，不折腾，只有十几个好友来送行。钱钟书入土那一晚，杨绛面对空荡荡的屋子，哭了。

钱钟书的死成为当时最大的新闻之一，钱钟书工作过的地方——中国社会科学院陆陆续续收到各界的唁电。钱钟书的好友夏志清在接受采访的时候说，钱钟书的去世，对自己是一个相当大的打击。因为自从二人结识，就是交心的知己，关系异常密切。关于钱钟书的学问，他认为在 50 年代，因为各种杂事，钱钟书的很多时间都被耽误了，以至于只有一本《宋诗选注》问世，另外只是中国文学史的唐宋部分。他认为，钱钟书在中国古代文学的涉猎上已经做到了一个文人的极致。夏志清对钱钟书的巨著《管锥编》的评价相当之高，他说："我们的子子孙孙若有志研读古代的经籍，就非参阅《管锥编》不可。"

　　国外很多人对钱钟书的死都表达了哀思，法国总统希拉克专门给杨绛先生发去了吊唁，他说："钱钟书先生的死，我感到非常难过，在钱钟书身上，我们可以发现中华民族最美好的品质，聪明、高雅、善良、坦诚、谦逊。法国人深知这位伟大的文学家对世界文学的贡献，就拿法国来说，当三十年代钱钟书先生就读于巴黎大学的时候，他就一直给法国文化带来荣誉，他的所有作品的法语译本都受到法国作家和哲学家们的喜爱，请允许我分担您的痛苦，请您接受我们的深切的哀思。"

　　英国的文化部长史密斯认为，钱钟书的去世，是"整个世界文化界的损失"。

人中之龙钱钟书

晚年的钱钟书与杨绛有个默契的约定，出版的东西都是对方给写题目。这对文学史上情深意浓的夫妇，为我们唱出了动人的爱情赞歌。那么，在最后做结尾的时候，将他们一块写出来，当合二老的在天之灵。

一、伟大的钱钟书

　　孔子曾经说过，老子是上天入地龙一样的人物，这个比喻同样适合钱钟书。

　　是五百年产生一个？三百年？还是两百年？那我们还是说得再保守些吧，起码，整个 20 世纪的中国，没有比钱钟书博学的文学家了。

钱钟书是一个怎样的人？用他的"打通"理论差不多可以刚好评价，他包容很多思想却不受任何一种思想的缺陷控制，他十分有为又十分无为。他有儒家的自律与法家的践行力，有释家的淡泊与道家的隐性。他的父亲和祖父都是传统文人，他却没有染上迂腐之气。他读书能一目十行，是人间的神童，但是却对外国文学有着与生俱来的热爱，这种人实在是太少见了。

于是读这样的一位人物，当是有用之事。

有一千个读者便有一千个哈姆雷特，有一千个读者未必有一千个钱钟书，但是有一千的读者肯定有一千的自己，或者更多的自己。人物传记的作用是什么？便是让读者借他山之石，攻己之玉，"玉"就是每个人对自己的认识。苏格拉底曾经说过，没有省察的人生是不值得过的，换言之，不善于掂量一下自己的人生是没有价值的。

书犹药也，善读可以医愚，其实伟大的人物同样如此。钱钟书这样思想宏大而复杂的人更是如此——谨小慎微的人可以看到他运筹帷幄，决胜千里，气势浩然，粗心大意的人可以看到他思虑整齐，面面俱到，口才欠佳者可领悟其雄辩有力，刚愎自用者可注意他广收中西百家之长，自大者要知道他在人生的巅峰被人无视的凄楚，汲汲于富贵者需知其宅居之因，情思漠然者要懂其故乡之爱。

这就是钱钟书，有句话说得好，高山仰止，景行行止，凡是做学问的中国人，几乎没有人不涉及钱钟书，他的智慧让后人受益良多。

二、伟大的杨绛

以前上课，学归有光的《项脊轩志》，读到归有光回忆自己母亲亡妻的言容，大为感动，手植之树，亭亭如盖，物是人非事事休，欲语泪先流，岁月的无情与孤独，总在伤心人身上体现得淋漓尽致。

杨绛说，"我们仨只剩下了我自己"。读杨绛的《我们仨》，就会发现她很少描写自己家里的情况，想来心中有大痛苦者，皆如此吧。在感情上，钱瑗和杨绛是钱钟书的支柱，那钱钟书和钱瑗何尝不是杨绛的两根精神支柱呢？而斯人已逝，墓前木拱是一种寂寥的哀伤，斯人乍逝，坟头新砌，什么审美、整体思维、局外的视野都是虚的，只有那哀思，切近而愈痛。我想，这就是暮年的杨绛最感动人的地方，这是我的想法。

对于钱钟书的介绍，一本书是远远不够的，千百本书也是不够的，我们只能给他做出一个不成熟的评判，却不能把他的精神完完整整地传达出来。或许世界上只有杨绛能够差不多接近他的世界的最深处，可那是二人心灵交汇的地方，她已经带着这种遗憾离我们而去。

钱钟书是幸运的，临走的时候有杨绛陪同；杨绛是不幸的，当她离开这个世界的时候，只能靠回忆来维持自己的情思。

杨绛之朴实内敛，之品性温和，比之文学上的才华更让人感动，她的字清新淡雅，就像她的为人。记忆犹新的是，在《干校六记》里，杨绛雨中滑摔，她形容此事的时候丝毫不露一点愠怒，她说这样的雨天"怪不舒服呢"，这是一个多么"好脾气"的人啊。

那个选入中学课本里的名篇《老王》，一个送冰送杂货以维持生计的底层人民，得到杨绛的深切同情。为了治好这个近乎乞丐的人的脸，杨绛和钱钟书去看他，女儿钱瑗还从外面买来鱼肝油治好了老王的夜盲症。这是怎样的一群知识分子啊，人类所有的知识分子，都应该向他们学习。

三、关于知识分子

书中自有黄金屋，书中自有颜如玉，书中自有千钟粟。这是一句名言，也是知识分子奋斗的写照。但是，过度地现实未免太无情，虚伪地获取未免太苟且。

杨绛，钱钟书，乃至他们的女儿钱瑗，都是知识分子里的佼佼者，也是为人的君子，我敬佩他们，也希望天下这样的知识分子越来越多。